HEYNE <

Das Buch

Von Goethes Hexeneinmaleins zu Zahlen im Alltag (»Jetzt schlägt's aber dreizehn!«), von der Esoterik der Zahlen zur Praxis der Zahlendeutung: Dieses Buch erschließt die Numerologie auf moderne, innovative Weise und eröffnet einen praktischen Weg zu tiefer Selbsterkenntnis – eingängig, überschaubar, aufs Wesentliche konzentriert, praktisch und/oder spielerisch sofort anwendbar. Im Mittelpunkt stehen die psychologische und magische Bedeutung der persönlichen Zahlen für Namen, Geburtstage, Wohnorte und Schicksalswege.

Der Autor

Wulfing von Rohr ist Kulturforscher, Seminarleiter, führt mystische Reisen zu Kraftorten durch und ist einer der führenden deutschsprachigen Autoren zum Thema Spiritualität. 2010 erhielt er den »Inspire Consciousness Award«, eine internationale Auszeichnung für Bewusstseinspioniere.
www.wulfingvonrohr.info

WULFING VON ROHR

Die Zahlen deines Lebens

Was die persönliche Numerologie über deinen Lebensweg und deine Bestimmung verrät

WILHELM HEYNE VERLAG
MÜNCHEN

FSC
www.fsc.org
MIX
Papier aus verantwortungsvollen Quellen
FSC® C014496

Verlagsgruppe Random House FSC® N001967

3. Auflage
Originalausgabe 08/2013

Redaktion: Diane Zilliges
Illustrationen: te·ha grafik, draenn@gmail.com
Umschlaggestaltung: Guter Punkt, München
Umschlagmotiv: © agsandrew / shutterstock
Satz: te·ha grafik, draenn@gmail.com
Druck und Bindung: GGP Media GmbH, Pößneck

ISBN 978-3-453-70225-7

www.heyne.de

Inhalt

8. Zahlen und Astrologie

9. Zahlen und Tarot

10. Eine numerologische Schnellanalyse des Geburtsdatums

Anhang

Das alles bin ich heute ...

Das alles bin ich heute
Und meine Summe
Ist die geheime Zahl
Der Ewigkeit.

Oda Schaefer

Liebe Leserin, lieber Leser!

Ich lade Sie ein auf eine spannende Entdeckungsreise zur Bedeutung und Deutung von Zahlen. Zahlen bilden so etwas wie das oft ganz unsichtbare Gerüst des Lebens, des Denkens, der Naturgesetze, des Aufbaus des Lebens – von den Mineralien mit ihren meist klaren kristallinen Strukturen über Pflanzen, die inneren Zahlen folgen, bis hin zu Tieren, Menschen, Sonnensystemen und dem gesamten Kosmos, in denen ebenso Zahlengesetze wirken.

Sie werden in diesem Buch feststellen, wie die Deutung von Zahlen, vor allem von ganz persönlichen eigenen Lebenszahlen, eine ganz neue Sichtweise vermitteln kann. Sie werden Ihren Lebensweg, Ihre Stärken und Chancen besser verstehen.

Dabei geht es mir nie darum, den Eindruck zu erwecken, als ob die Numerologie der einzige Zugang zu Einsicht, Lebenshilfe und spiritueller Bewusstmachung wäre. Keine Methode, kein Weg ist allein selig machend. Kein geistiger Ansatz sollte je zu einem Dogma werden. Denn es geht ja schließlich darum, dass wir alle eigenverantwortlich und selbstbestimmt leben, dass wir geistig wach sind und das Mysterium des Lebens auf lichtvolle und zugleich individuelle Art und Weise erfahren und entfalten.

In diesem Rahmen, im Bewusstsein der Möglichkeiten und Grenzen der Numerologie, werden Sie Ihr Leben, Ihre Beziehungen, Ihre Gaben, Ihre Werte, Ihre Wünsche und Träume, Ihre Liebe und Ihre Sorgen, Ihre Ziele und Ihr So-Sein mithilfe der Numerologie in vielen Aspekten wirklich ganz anders und neu und wundervoll erfahren können.

Sicher gibt es etliche unten Ihnen, die sich bereits auf die eine oder andere Weise mit Numerologie beschäftigt haben. Auch sie werden aber zahlreiche neue, aufschlussreiche und weiterführende Informationen, Hinweise und Deutungsvorschläge finden.

Und schließlich werden Sie feststellen, dass Sie immer mal wieder zu diesem Buch greifen, wenn es Ihnen um ein besonderes Thema geht, wenn sich eine drängende Frage stellt oder um einfach etwas nachzusehen, ohne das ganze Buch zu lesen. Sie können das Buch also auch einfach als Nachschlagewerk, sogar als Hilfe zur Orakeldeutung nutzen.

Zum Gebrauch des Buches

Zunächst finden Sie einige kurze Bemerkungen zu einem der Väter der Numerologie, zum griechischen Geistlehrer Pythagoras, der vor allem in Süditalien wirkte, und zu seinen Einsichten. Danach folgen Beispiele, wo und wie Zahlen in der Dichtung und in unserem Alltag immer wieder auftauchen, sowie ein Abschnitt zu Zahlen in Kultur und Religion und zu Numerologie als Magie, Psychologie und Weisheit.

Im Hauptteil geht es um die persönliche Anwendung der Numerologie, um die Zahlen von Geburtstag und Namen, Beruf und Wohnort und so weiter und wie Sie Ihre eigenen Zahlen errechnen. Es folgen dabei ausführliche Deutungsvorschläge.

Ich habe mich entschieden, die Vorschläge zur Zahlendeutung so anzulegen, dass sie thematisch geordnet sind. Man könnte auch alle Deutungen zur Eins, alle Deutungen zur Zwei und so fort als Tabelle oder Liste aufführen – damit ginge aber der Zusammenhang verloren, und wir (zumindest ich) wären nur verwirrt. Diese thematische Anordnung ist also der Grund, warum Sie zu ein und denselben Zahlen an mehreren Stellen des Buches immer wieder einmal andere Facetten und Deutungsmöglichkeiten nachlesen können.

Außerdem muss ich unbedingt eine Bemerkung loswerden: Numerologie ist keine exakte Wissenschaft. Numerologie kennt zwar eine folgerichtige Systematik, aber sie ist nicht durch und durch rational-logisch, sondern ähnlich wie seriöse Psychologie, Tarotdeutung und Astrologie und auch spirituelle Philosophie eine Methode, die auch Parallelen und sogar Widersprüche zulässt. Es handelt sich um eine »offene« Vorgehensweise, die sich – zumindest sehe ich das so – letztlich von einer einzigen Motivation leiten lässt: echte Lebenshilfe zu bieten und zur Selbstermächtigung zu ermuntern.

Damit ist gemeint, dass die Art von Numerologie, die ich hier darlege, Menschen tiefere Einsicht in mögliche Zusammenhänge bieten möchte, dass sie neue Sichtweisen auf das Leben, auf Chancen und Probleme eröffnet, dass sie Wege zum Sinn aufzeigt und vor allem, dass sie einen Beitrag zur spirituellen Selbstermächtigung leistet.

Das führt dazu, dass Sie nicht eine einzige Deutung für eine bestimmte Zahl finden, sondern dass ich Ihnen immer wieder andere Ansätze zur Deutung vorstelle. Sie finden eine farbige Vielfalt an Möglichkeiten, spielerisch und sinnvoll zugleich Ihre Zahlen des Lebens zu erkennen und zu deuten.

Es geht ja in der Numerologie wie bei anderen »hermetischen« Künsten darum, durch aufschlussreiche Analogien die Egogrenzen zu überschreiten und sich für eine höhere und konstruktivere Sicht der Dinge und Umstände zu öffnen. Es geht darum, eine größere Wahrheit zu erfahren, jenseits der Schranken von althergebrachter Moral oder eingefahrenen Gewohnheiten.

Und um Einsteigerinnen und Einsteigern das Lesen und vor allem die praktische Numerologie zu erleichtern, habe ich die »Umrechnung« von Buchstaben in Zahlen nicht nur an einer Stelle im Buch vermerkt, sondern an mehreren. Geübte können das ja leicht überlesen; alle anderen werden dieses Angebot aber sicher gern nutzen.

Mir ist der Zusammenhang der Zahlen mit dem Tarot und mit der Astrologie wichtig. Denn beide klassischen spirituell-psychologisch-magischen Disziplinen werden wesentlich von Zahlen bestimmt, wie Sie in den jeweiligen Kapiteln feststellen können. Und umgekehrt bieten die Archetypen des Tarots und die Zeichen der Astrologie eine wertvolle Ergänzung, um die Zahlen in ihrer Bedeutung besser, eben noch sehr viel bildhafter zu begreifen.

In diesem Sinne wünsche ich Ihnen immer wieder Freude, Hilfe und Aha-Erlebnisse im mal spielerischen, mal spirituellen, mal psychologischen, mal magischen Umgang mit den Zahlen Ihres Lebens.

Wulfing von Rohr
Herbst 2012, Rust am Neusiedler See

PS:
Meistens spreche ich Sie als Leser und Leserin mit »Sie« an; bisweilen verwende ich in Deutungen jedoch lieber das familiäre und freundschaftliche »du«.

Die Zahl ist das Wesen aller Dinge
Eine Einführung

»Die Zahl ist das Wesen aller Dinge.« Diese Einsicht verdanken wir dem griechischen Philosophen und Mathematiker Pythagoras. Die tatsächliche Existenz seines Lebens ist zwar belegt, aber wer er war, weiß man heute nicht so recht. Er wurde wohl um 570 vor Christus geboren, vermutlich auf Samos. Pythagoras war also ein Zeitgenosse des historischen Buddhas und von Lao Tse! Er starb nach 510 in Metapont, einem griechischen Städtchen im heutigen Süditalien. Pythagoras war in Ägypten und Babylonien gereist und erkundete damit also durchaus unterschiedliche Kulturräume.

Obwohl man einiges von ihm weiß und Wichtiges von ihm überliefert wurde, bleibt er eine der rätselhaftesten Persönlichkeiten der Antike. War er vorwiegend Philosoph und Mystiker oder doch mehr Mathematiker und Naturwissenschaftler?

Der bekannte »Satz des Pythagoras« ist nach ihm benannt: $a^2+b^2 = c^2$. Das bezieht sich auf ein rechtwinkliges Dreieck, in dem die Quadrate der Katheten a und b dem Hypotenusenquadrat, also c^2, entsprechen. Die Summe der Flächeninhalte der beiden kleineren Quadrate über den kürzeren Seiten des rechtwinkligen Dreiecks entspricht also dem Flächeninhalt des Quadrats über der längsten Seite des Dreiecks.

In der Forschung ist heute jedoch umstritten, ob es wirklich Pythagoras war, der den Beweis für die nach ihm benannte Formel gefunden hat. Dieser mathematische Lehrsatz war nämlich bereits lange vor seiner Lebenszeit in Babylon und Indien bekannt – allerdings kannte man dort womöglich noch nicht die Beweisführung.

Wirkte Pythagoras dann vor allem eher als Verkünder spiritueller Einsichten und Lehren, und war er ein früher Mystiker? Immerhin gab es noch Jahrzehnte nach seinem Tod sogenannte Pythagoreer, Erforscher tiefgründiger Welt- und Menschenbilder und Vertreter geistiger Lehren, die auf Pythagoras zurückgehen sollen. Hier einige Stichworte dazu:

- Pythagoras verkündete die Lehre von der Unsterblichkeit der Seele und der Seelenwanderung, also die Reinkarnation.
- Er vertrat die Ansicht, dass harmonische Zahlenverhältnisse das Fundament der Weltordnung begründen.

- Er hielt vegetarische Ernährung für sinnvoll, weil man damit die Zerstörung von »beseeltem Leben« vermeidet.
- Er formulierte das Ideal einer natürlichen Freundschaft zwischen allen Lebewesen – einschließlich der Tiere und der »Götter«! – und wollte damit zum Mythos des »Goldenen Zeitalters« zurückkehren.

Das sind alles Ansätze, die sehr modern wirken und auch in unserer Umbruchs- und Wendezeit Gültigkeit haben, in der es um Erwachen und Eigenverantwortung geht, um spirituelle Selbstermächtigung und einen persönlich erlebbaren Zugang zu den ewigen Quellen von bewusstem Sein. Dazu kann die Numerologie einen sinnvollen und schönen Beitrag leisten und oft auch verblüffend treffsicher zu neuen Erkenntnissen verhelfen

Pythagoras war sicher das, was wir heute einen »Numerologen« nennen würden. Ihn interessierte – so die verfügbaren Quellen – dabei vor allem die Zahlensymbolik. Zahlen und Zahlenverhältnisse standen in seinen Lehren offensichtlich im Mittelpunkt. Der zentrale Grundgedanke der Zahlendeutung kommt in dem Satz »Die Zahl ist das Wesen aller Dinge« zum Ausdruck. Noch stärker verdichtet: »Alles ist Zahl.«

Die Zahl war für Pythagoras und die Pythagoreer das oder zumindest ein entscheidendes Urprinzip der Welt, das die Welt »aufbaut« und »zusammenhält«. Philolaos, ein bedeutender Pythagoreer, schrieb in der zweiten Hälfte des 5. Jahrhunderts v. Chr., dass alles, was Menschen erkennen können, notwendigerweise mit einer Zahl zu tun hat:

- All das, was nach Anzahl, Größe und Form begrenzt ist, ist mit Zahlen verknüpft.
- Alles, was unbegrenzt ist, lässt sich nicht erforschen – wir würden heute wohl sagen: lässt sich nicht messen, wiegen und eben zählen.

In der pythagoreischen Zahlensymbolik wurden ungerade Zahlen als »männlich« bezeichnet, gerade Zahlen als »weiblich«. Die Parallele zur chinesischen I-Ging-Symbolik liegt auf der Hand. Die ungeraden Zahlen galten als »begrenzt«, die geraden Zahlen als »unbegrenzt«.

Die Zahl Eins verkörpert demnach das Prinzip der Einheit; sie ist der Ursprung, aus dem alle anderen Zahlen hervorgehen, und damit – so die Pythagoreer – auch die gesamte Natur mit ihren Erscheinungsformen. Deshalb war die Eins aber auch mehr als nur eine Zahl, sondern sie stand zugleich »jenseits« der Zahlenwelt. Sie galt damals (heute auch noch?) als ungerade, wenn sie das zählbare Prinzip begründete, und als gerade, wenn sie das Unbegrenzte bezeichnete.

Zahlen stellte man mit Zählsteinen dar. Und mit den ebenen geometrischen Figuren, die mit solchen Steinen gelegt werden können (beispielsweise einem gleichseitigen Dreieck), wurden die den Zahlen zugewiesenen Eigenschaften demonstriert. (Siehe auch den Abschnitt über »Zahlen und Astrologie« ab Seite 187)

Große Bedeutung maß man dabei der »Vierheit« zu, der Gesamtheit der Zahlen 1, 2, 3 und 4, deren Summe die 10 ergibt, die bei Griechen und »Barbaren« (also den Nichtgriechen) gleichermaßen als Grundzahl des Dezimalsystems diente. Die Vierheit und die »vollkommene« Zehn betrachtete man als grundlegend für die Weltordnung.

Zahlen haben also schon seit Jahrtausenden für die menschliche Kultur eine wichtige Rolle gespielt, weit über kaufmännische oder technische Belange hinaus. Zahlen deuten auf eine mystische Ordnung im Weltgeschehen und im Leben der Menschen hin. Und mit der Deutung dessen beschäftigt sich die Numerologie.

1

Jetzt schlägt's aber dreizehn

Zahlen in Dichtung und Alltag

Goethes Hexeneinmaleins

Du musst verstehn!
Aus Eins mach' Zehn
Und Zwei laß gehn,
Und Drei mach' gleich,
So bist du reich.
Verlier die Vier!
Aus Fünf und Sechs,
So sagt die Hex':
Mach Sieben und Acht,
So ist's vollbracht:
Und Neun ist Eins,
Und Zehn ist keins.
Das ist das Hexen-Einmal-Eins.

Johann Wolfgang von Goethe

Dieser Vers aus dem »Faust« beschreibt, nach welcher Formel Mephisto dem alternden Faust auf dessen Wunsch einen Verjüngungs- und Liebestrank zubereitet. Hinter dieser nur scheinbar nichtssagenden »Zahlenspielerei« steckt das »magische Saturnquadrat«, das einen »vorübergehenden sexuellen Rauschzustand und Liebestollheit für eine gewisse Zeit bei Faust (herbeiführen konnte), niemals aber ... eine tiefempfundene, dauerhafte Liebe und Treue«, wie es Johannes Vehlow beschreibt.

Der verstorbene Metaphysiker, Astrologe und Numerologe Johannes Vehlow hat aus dieser »absichtlich schwarz-magisch verzerrten« Zahlenzauberei des sogenannten Hexen-Einmal-Eins das ursprüngliche, weiß-magische »Magische Einmal-Mal-Eins« abgeleitet, zu dem er selbst schreibt: »Hiermit aber hätte Faust ... nicht erotisiert und in die Zwangsvorstellung einer Verjüngung gebracht werden können, sondern eher eine Ernüchterung erfahren, die ihn bei richtiger Behandlung die Unsinnigkeit seines Treibens mit dem Teufel hätte erkennen lassen.«*

Hier also Vehlows »richtiges« Hexen-Einmal-Eins**:

* Johannes Vehlow, Astrologie, Bd. VIII, Seite 98.

** Rechtschreibung wie bei Vehlow.

Du musst versteh'n
Aus Eins mach Zehn,
Und Zwei laß geh'n,
Und Drei mach' gleich,
So bist du reich.
Behalt' die Vier!
Und merke dir,
Dass Fünf bleibt steh'n!
Dann wirst Du seh'n,
Mit Sechs in Acht
Ist's bald vollbracht.
Bring Sieben nach Fünf
Und laß die Acht!
Denn Neun ist Eins,
Und Zehn ist keins.
Das ist das Magische
Ein-Mal-Eins.

Johannes Vehlow

Goethes Geburtstag war übrigens der 28. 8. 1749. Die Quersumme des Geburtsdatums ergibt: 2 + 8 + 8 + 1 + 7 + 4 + 9 = 39 = 3 + 9 = 12 = 1 + 2 = 3. Goethe entfaltete sich also gemäß der Zahlen 12 beziehungsweise 3. Vielleicht wollen Sie die Deutungshinweise zu beiden Zahlen in den folgenden Kapiteln lesen und sich ein eigenes Bild vom großen Dichterfürsten machen.

Zahlen in Volksmund und Dichtung

Zahlen haben in Dichtung und Volksmund immer wieder eine Rolle gespielt. Es gibt in Märchen einen weisen König, einen Helden oder eine Heldin, einen Weisen. Wenn es sich um die Auseinandersetzung zwischen Gut und Böse handelt, dann tauchen selbstverständlich zwei Gegenspieler oder oft Gegenspielerinnen auf – die zwei Schwestern, von denen eine gut und eine böse ist. Die Goldmarie und die Pechmarie, Aschenputtel und ihre Stiefschwester und so fort.

Aber auch im Guten gibt es gern zwei, so Hänsel und Gretel (und die dritte Person, die Hexe, ist die Böse – wobei es noch ein bisschen komplexer wird, wenn man die Eltern mitrechnet ...) Es gibt die zwei Königskinder, die nicht zueinander kommen können, weil die Wasser zwischen ihnen so tief sind. Auch hier ist eine dritte Person, die »falsche Nonne«, für Ungemach und Tod verantwortlich.

Aller guten Dinge sind bekanntlich drei, drei Brüder oder Schwestern tauchen in vielen Märchen auf – wobei meist die oder der jüngste zur Wahrheit oder zum Glück findet. Ein wunderschönes Gedicht von Friedrich von Schiller (10.11.1759–9.5.1805) beginnt mit: »Drei Worte nenn' ich euch, inhaltsschwer ...« (Der ganze Text ist im Anhang.)

Es sind drei Eidgenossen, Vertreter von Uri, Schwyz und Unterwalden, die in ihrem berühmten Rütlischwur gegen die »bösen Vögte« der Habsburger die Entstehung der Schweiz begründen, so der Mythos.

Vier Himmelsrichtungen kennen wir, das tapfere Schneiderlein erledigt »sieben auf einen Streich«, Schneewittchen hat sieben Zwerge, die sie retten. »Alle Neune«, heißt es beim traditionellen Kegeln, und wer das zuwege bringt, hat etwas »Vollkommenes« geschafft. Das amerikanische Bowling hat »noch eins drauf gesetzt« und auf zehn Kegel aufgestockt.

Sicher kennen Sie das Lied von den »zehn kleinen Negerlein«, von denen immer noch eins aus den unterschiedlichsten Gründen verschwindet, bis schließlich keins mehr übrig bleibt.

Elf Spieler bilden eine Fußballmannschaft, die Karnevalszeit beginn am 11.11. um 11 Uhr 11. Zwölf Monate hat das Jahr, »im Dutzend billiger« gibt es manche Waren. Und wenn es »dreizehn schlägt«, dann ist ein Geduldsfaden gerissen oder ein Fass zum Überlaufen gebracht worden.

Zahlen haben nicht nur in der Dichtung eine symbolische Rolle, sondern sie besitzen auch im Alltag eine fast magische Funktion. Denken Sie daran, dass Preise zum Beispiel eher bei 9,98 oder 9,99 als bei 10,00 liegen, oder bei 898 anstatt bei 900. Obwohl der Unterschied in realem Geld fast gänzlich unerheblich ist, übt die Unterschreitung einer gedachten Zahlengrenze die faszinierende Wirkung aus, dass wir ein Produkt unbewusst als billiger empfinden.

Welcher Gastgeber bittet gern dreizehn Gäste zu Tisch? Wie häufig ist es Ihnen selbst schon aufgefallen, dass Sie immer wieder auf »Ihre« Zahlen stoßen – sei es bei den Nummern von Hotelzimmern, Schließfach- oder Hausnummern, Autokennzeichen und so fort. Die meisten Lotto- und Roulettespieler folgen einem geradezu abergläubischen »sechsten Sinn« und halten an ihren ganz speziellen Gewinnzahlen fest.

Zahl und Sprache

Was war eigentlich zuerst da – die Sprache oder die Zahl, Worte oder Zählsymbole? Das Johannes-Evangelium beginnt bekanntlich mit: »Im Anfang war das Wort ...« Gab es in den Kulturen dieser Welt also zuerst eine Buchstaben- und Schriftsprache, bevor sich der Umgang mit Ziffern und Nummern entwickelte? Das meinten bisher die meisten Experten.

Neuere Forschungen von Hans J. Andersen, veröffentlicht im Buch »Am Anfang war die Zahl«, ergeben ein anderes Bild. Demnach entstanden erst besondere Zeichen für Zahlen, und daraus entwickelten sich später dann Buchstaben. Das lässt sich vor allem bei der Runenschrift recht überzeugend nachvollziehen, wie Andersen zeigt.

Offensichtlich könnte es keine Mathematik ohne Zahlen geben, keine Geometrie, keine Physik und so weiter – aber auch keine komplexe Wirtschaft, die auf Geld als abstraktem Zahlungsmittel zur Abwicklung von Transaktionen aufbaut anstatt auf den alten direkten Warentausch. Nicht mehr 1 Sack Getreide gegen ½ Sack Mehl oder 2 Stunden Arbeit für 1 Essen und so fort, sondern X Taler oder Gulden oder Euro für dies und jenes.

Früher wurden römische Zahlen verwendet, sodass die Redensart entstand, man solle sich kein X für ein U vormachen lassen. Man sollte sich also nicht täuschen lassen – denn U wurde römisch als V geschrieben, also als »ein halbes X«.

Ohne Zahlen gibt es keine Bezahlung, keine komplizierteren Finanzgeschäfte, keine Statistik ... und auch keine detaillierten Telefon- und Stromabrechnungen sowie Steuerbescheide, bei denen man vor lauter Zahlen den Wald, also den Sinn der Abrechnungen, nur noch in den seltensten Fällen erkennen kann. Treiben Firmen und Institutionen mit Zahlen hier ein bewusst so angelegtes Verwirrspiel? Versicherungen, Banken und andere Unternehmungen selbstredend auch.

Sogar im Bereich der Gesellschaft üben bestimmte Zahlen »magische Wirkungen« aus. Man spricht von »Schallmauern« oder »psychologischen Barrieren«:

- bei Wechselkursen – ob zum Beispiel der Euro unter oder über 1,30 US-Dollar oder 1,50 US-Dollar kostet;
- bei Zeiten von Sprintathleten (100 Meter unter 10,0) oder Marathonläufern (Schallmauer 2 Stunden) sowie anderen Rekorden im Sport;
- bei Wahlhürden (5 Prozent, um als Partei in den Deutschen Bundestag zu gelangen) und Abstimmungen (50 Prozent plus 1 Stimme, 2/3-Mehreiten etc.);

- bei Inflationszahlen und Verschuldungshöhen von Volkswirtschaften – ob die Neuverschuldung zum Beispiel unter oder über drei Prozent liegt und damit dem Maastricht-Kriterium entspricht oder nicht;
- bei Arbeitslosenzahlen …

Sie selbst kommen sicher noch auf viele andere Beispiele. Manche von Ihnen werden sich noch an eine Beschwörungsformel eines früheren deutschen Bundeskanzlers erinnern, die lautete: »Besser 5 Prozent Inflation als 5 Prozent Arbeitslose«. Diese Zahlenformel half Helmut Schmidt zunächst noch einmal, sich politisch über Wasser zu halten.

Eine Welt ohne Zahlen ist uns nicht (mehr) vorstellbar. Zahlen bestimmen unser Leben, unsere Zeiteinteilung. Im Geburtsschein wird notiert, an welchem Tag in welchem Monat und in welchem Jahr wir geboren sind, meist kommt die genaue Geburtszeit hinzu (und ohne all das wäre keine Basis für die Horoskoperstellung gegeben).

Zahlen haben jedoch nicht nur zweckmäßige Funktionen für Wirtschaft und Gesellschaft, sondern sie sind auch Träger oder Symbole besonderer innerer Kräfte. Das Wesen der Zahl ist eine innere Kraft oder Schwingung oder »Gesetzmäßigkeit«, auch wenn ihre Anwendung oder Auswirkung äußerlich stattfindet.

Numerologen, Menschen also, die sich in diesem Sinne mit Zahlen beschäftigen, sind der Ansicht, dass die Erkenntnis der verborgenen Essenz von Zahlen Menschen hilft, sich selbst, ihren Lebensrhythmus und das Zusammenspiel zwischen Mensch und Welt sowie zwischen Schicksal und freiem Willen besser zu verstehen. Um damit verbundene mythische Merkmale von Zahlen und ihre symbolhaften Qualitäten geht es im nächsten Kapitel.

2

Das Jahr mit zwölf Monaten, das Buch mit sieben Siegeln

Zahlenmagie in Kultur und Religion, Zahlenpsychologie und Zahlenweisheit

Die Zahl 1

Die monotheistischen Religionen bekennen sich zu einem einzigen Gott (wobei der Islam dem Christentum vorhält, er verehre letztlich doch »drei Götter«, und nicht einen, nämlich Gott-Vater, Gott-Sohn und den Heiligen Geist). »Es gibt keinen Gott außer Gott« lautet das grundlegende Glaubensbekenntnis des Islams.

Auch das Tao ist ein Symbol für die Einheit, die sich in der Zahl 1 ausdrücken lässt.

Zwei körperliche Augen sehen die körperliche Welt, das eine spirituelle Auge oder Einzelauge aber sieht die geistige Realität, sieht Gott. »Wenn dein Auge einfältig ist, wird dein ganzer Leib licht sein«, heißt es im Neuen Testament.

Aus der Einheit und dem geistigen Ursprung der 1 ergibt sich die Zweiheit und die körperliche Form der 2.

Die Zahl 2

Yin und Yang, die Dualität von Licht und Dunkel, von Mann und Frau, von Geist und Form, von aktiv und passiv, von positiv und negativ, findet ihren symbolischen Ausdruck in der Zahl 2.

Die 2 steht für die Trennung von der Einheit, für die Wahrnehmung von »Ich« und »Du«. Aus der 1 tritt etwas Neues aus, ein Zweites. Es ist die Aufspaltung bzw. Gegenüberstellung von Adam und Eva, von Sonne und Mond, Himmel und Erde, Materie und Geist.

Wo immer im Leben Polarität existiert – sei es beim elektrischen Wechselstrom oder in der Auseinandersetzung zwischen Menschen, Firmen, Völkern oder Religionen –, spiegelt die Zahl 2 das Wesen dieser Polarität: Begegnung und Auseinandersetzung, Anziehung und Abstoßung, Zug und Druck, aber auch die Balance zwischen unterschiedlichen, bisweilen gegensätzlichen Kräften.

Die Zahl 3

Die »heilige Dreieinigkeit« der Christen findet eine Entsprechung im Hinduismus, in dem drei Gottesaspekte – nämlich Brahma, der Schöpfer, Vishnu, der Erhalter, und Shiva, der Erlöser – die »Dreikraft« von *Trimurti* bilden, die in der Ebene von *Trikuti* residieren.

Die Helden und Heldinnen in Märchen und Mythen werden oft dreimal geprüft und müssen sich dreimal bewähren, bevor sie ihr Ziel erreichen. Jesus von Nazareth wurde dreimal vom Satan (Luzifer, »Teufel«, *Kal**, Ego) versucht. Zur Erinnerung: Er sollte Steine in Brot verwandeln, vom Tempel von Jerusalem herunterspringen, um sich von Gott auffangen und retten zu lassen, und schließlich bot ihm Luzifer

* Kal: ein Begriff aus dem Sanskrit, der »Zeit«, »Relativität« und manches mehr bedeutet. *Sat Sri Akal* ist eine Grußformel der Sikhs und meint etwa: »Die heilige zeitlose Wahrheit.« Kal ist jedoch auch der Name, den der indische Weise Kabir für jenen Gottessohn nennt, der als »Gegenspieler« Gottes wirkt (bzw. als sein »Beauftragter«? Wie Luzifer ja womöglich auch nicht wirklich »Gegenspieler« ist, sondern vom allmächtigen Gott geduldet wird oder sogar eine Funktion in dessen Auftrag erfüllt?). Siehe auch Hinweis auf das E-Buch »Wie Gott die Welten schuf« im Anhang.

die Herrschaft über die gesamte Welt an, wenn er, Jesus, sich vor ihm, vor Luzifer, verneigen würde.

Drei Welten, von denen manche mystische Wege sprechen – die irdische, die astrale und die kausale Welt –, unterstehen der Herrschaft von Kal bzw. Luzifer. Erst, wenn man von diesen drei Welten loslässt, kann die Seele Befreiung erlangen. Dazu muss sie sich von den drei Arten von Karma befreien, von *Sanchit-, Pralabd-* und *Kriyaman-*Karma (altes Karma aus früheren Leben, sozusagen ein Speicherkarma, Karma für dieses spezielle Leben jetzt sowie neues Karma, das wir in diesem Leben aus freiem Willen neu erschaffen*).

Die Zahl 4

Vier Evangelien bilden das Fundament des Neuen Testaments, vier Apostel nehmen dadurch eine herausragende Stellung ein: Matthäus, Markus, Lukas und Johannes. Vier Enden weist das Kreuz auf, das Jesus von Nazareth und symbolisch alle Menschen tragen. In diesem Kreuz verdichten sich Leiden im Leben und Überwindung von Leiden durch ewiges Leben.

* Siehe auch E-Buch »Karma und Reinkarnation« im Anhang.

Vier edle Wahrheiten hat der Buddha vor mehr als 2500 Jahren verkündet:

- die Wahrheit, dass alles Leben letztlich Leiden ist,
- die Wahrheit, dass dieses Leiden durch die Verhaftung an die körperliche Existenz und den Wunsch nach körperlichen Erfahrungen entsteht,
- die Wahrheit, dass dieses Leiden – obwohl ohne Anfang – doch enden kann, und schließlich
- die Wahrheit, dass der achtfache Pfad der Weg zur Beendigung des Leidens sei.

Vier Weltzeitalter soll es geben, das »Goldene Zeitalter« *(Satya Yuga)*, das »Silberne (oder dreifach glückliche) Zeitalter« *(Treta Yuga)*, das »Bronzene (oder zweifach glückliche) Zeitalter« *(Dvapara Yuga)* und schließlich das »Eiserne Zeitalter« *(Kali Yuga)*, in dem wir jetzt gerade leben und das wiederum von einem Goldenen Zeitalter abgelöst wird. Unsere Zeit ist die notvollste, aber auch die gnadenreichste Zeit, weil aufrichtige Seelen – wenn sie aus tiefem Herzen nach der Wahrheit suchen, eine spirituelle Entwicklung verfolgen und meditieren oder auf andere Weise nach innen gehen – in kürzerer Zeit als in den anderen Zeitaltern zu Eigenverantwortung und Selbstermächtigung, zum Erwachen und zu Selbstverwirklichung finden können.

Aus vier Elementen ist das irdische Leben zusammengesetzt – aus Wasser, Erde, Feuer und Luft. Erst das fünfte Element, Äther = Bewusstsein, bildet den geistigen Gegenpol zur Erdgebundenheit und stellt zugleich die Brücke dar, um die »Vierheit« zu überwinden und zum Ursprung der menschlichen Seele in die spirituellen Sphären zurückzugelangen.

Die Zahl 5

Fünfmal am Tag beten die Muslime, das Gebet ist eine der fünf Säulen des Islam. Die anderen vier Säulen sind das Glaubensbekenntnis zu Allah als dem einzigen Gott, das Teilen der eigenen Habe mit Bedürftigen, die jährliche Fastenzeit Ramadan sowie die Pilgerreise, die *Haj,* nach Mekka, zumindest einmal im Leben.

Fünf irdische Sinne hat der Mensch – das Sehen, Hören, Riechen, Schmecken und Tasten. Und fünf Elemente machen den Menschen aus, neben Wasser, Erde, Feuer und Luft das Element Äther, das sein Bewusstsein symbolisiert, das er aus freien Stücken der Welt oder Gott zuwenden kann.

Die fünf Elemente der Chinesen haben damit nichts zu tun, sie stellen eine andere, völlig unabhängige Fünfer-Aufteilung dar: Holz (beispielsweise Bewegung, Wind), Feuer (Raum, Hitze), Erde (Umstände, Feuchtigkeit), Metall (Form, Trockenheit) und Wasser (Zeit, Kälte).

Numerologisch ist die Zahl 5 bedeutsam, weil sie genau in der Mitte der Grundzahlen von 1 bis 9 steht. Sie symbolisiert deshalb auch die Freiheit des menschlichen Willens. Ein Pentagon, ein Fünfeck, dessen fünfte Zacke genau nach oben weist, gilt als Symbol des zu Gott strebenden Menschen. Wenn diese Zacke genau nach unten gerichtet ist und demzufolge zwei Zacken nach oben zeigen, sehen wir das Symbol des »gehörnten Teufels« vor uns, dessen Trachten auf die Materie gerichtet ist. Eine Zacke nach oben = Streben zur Einheit; zwei Zacken nach oben = Verwirklichung der Zweiheit.

Die Zahl *6*

In sechs Tagen hat Gott nach der Bibel seine Schöpfung vollbracht (am siebenten Tag hat er ja »geruht«). Damit ist die Zahl 6 von alters her auch ein Symbol der Vollkommenheit der irdischen Schöpfung.

Jesus von Nazareth soll in der sechsten Stunde des sechsten Tages gekreuzigt worden sein.

Der jüdische Davidsstern hat sechs Ecken und symbolisiert damit die Harmonie des Menschen, der physisch auf der Erde lebt und gleichzeitig geistig in Gott.

Man spricht vom »sechsten Sinn«, der eben über die irdischen Fähigkeiten hinausgeht.

Im klassischen indischen Yoga sind sechs hauptsächliche Chakras oder feinstoffliche Energiezentren bekannt, nämlich das Wurzelchakra, das Sakralchakra, das Nabelchakra, das Herzchakra, das Kehlkopfchakra sowie das Stirnchakra. Das siebente Chakra, der »tausendblättrige Lotos« am Scheitelzentrum, ist zwar ein Ort, an dem man Licht erleben kann, aber kein »Funktionschakra« wie die anderen. Das dort erfahrbare Licht ist vielmehr die Widerspiegelung von Licht aus der Astralebene.

Die Zahl 7

Am siebenten Tage ruhte Gott, nachdem er sah, dass seine Schöpfung, die er an sechs Tagen vollbrachte, wohlgetan war. Nach manchen religiösen Traditionen gibt es sieben Himmel, und wir sprechen im Volksmund davon, dass jemand glücklich sei »wie im siebten Himmel«.

Unter nordamerikanischen Indianern sind sieben Riten bekannt, die ein Mensch durchläuft. Dazu gehören der *Vision Quest*, also die Suche nach einem Omen und einer Lebensführung und Lebensaufgabe, der Sonnentanz und die Schwitzhütte.

Das Christentum kennt sieben Todsünden und sieben Kardinaltugenden. Plato nennt übrigens vier Kardinaltugenden, nämlich Weisheit, Gerechtigkeit, Maß und Mut. Die christliche Theologie fügte Glauben, Hoffnung und Liebe, Letzteres auch im Sinne von Mildtätigkeit, hinzu.

Sieben Weltwunder nannte die Antike. Und mit sieben Gestirnen (Sonne, Mond, Merkur, Venus, Mars, Jupiter und Saturn) rechneten Astrologen lange Zeit, bevor drei weitere hinzukamen.

Die Zahl 8

Nach frühchristlicher Auffassung erfolgte die Auferstehung Christi am achten Schöpfungstag. Im alten Babylon war 8 die Zahl der Gottheit, in der islamischen Kalligraphie und Architektur weisen achteckige Formen auf das Paradies hin.

Die liegende 8 bildet eine Lemniskate, die in sich verschlungene Form der ewig fließenden Energien.

Der achtfache Pfad des Buddha kennt

- rechte Selbsterkenntnis (der vier edlen Wahrheiten, siehe auch bei der Zahl 4),
- das rechte Streben (der Welt zu entsagen, allen Geschöpfen gegenüber wohltätig zu sein und

kein Geschöpf zu verletzen. Gilt auch hier: »Aller guten Dinge sind drei«?),

- rechtes Sprechen (der Meditationslehrer Kirpal Singh schlug vor, nur das zu sagen, was wahr, notwendig und liebevoll ist – wiederum eine »heilige Dreiheit«),
- rechtes Verhalten,
- rechten Erwerb des Lebensunterhalts,
- rechtes Bemühen (um ethische Vervollkommnung),
- rechte Bewusstheit und
- rechte Meditation.

Im Yoga gibt es die acht Stufen des Pfades: *Yama* (ethisches Leben), *Niyama* (rechtes Streben), *Asanas* (Körperhaltungen), *Pranayama* (Atemkontrolle), *Pratyahara* (Innenkehr der Sinne), *Dharana* (Sammlung, Konzentration), *Dhyana* (Meditation) und das sich daraus schließlich ergebende *Samadhi* (Erleuchtung). Es sind acht übersinnliche Yoga-Kräfte bekannt: sich winzig klein machen zu können oder riesig groß, in der Luft zu schweben, entfernteste Objekte berühren zu können, mit Willenskraft auch dichteste Materie zu durchdringen, die Elemente zu beherrschen, das Universum zu beherrschen und sich alle Wünsche erfüllen zu können.

Im I Ging gibt es acht Kern-Trigramme – Himmel, Erde, Wind (oder Holz), Wasser, Feuer, Donner, Berg und See.

Die Zahl 9

Troja wurde neun Jahre lang belagert, Odysseus war neun Jahre auf seiner Irrfahrt zurück in seine Heimat unterwegs, neun Engelshierarchien soll es geben.

Die 9 ist die unendliche Energie der 8 und der göttliche Wille der 1, also die Vervollkommnung oder himmlische Vollkommenheit.

Die türkisch-persische Mystik spricht von neun Sphären, und auch im christlichen Mittelalter gab es Darstellungen, wie ein Menschlein seinen Kopf über das Irdische hinausstreckt und über sich neun Sphären sieht: zunächst die »sieben Planetensphären«, dann die Fixsternsphäre darüber und schließlich die Himmelssphäre.

Im alten China wurden die Pagoden als neunstöckige Gebäude errichtet, wohl ebenfalls als äußeres Abbild neun kosmischer Sphären. Peking wurde vor Tausenden von Jahren als Stadt mit einem Zentrum und acht Zufahrtsstraßen gebaut, symbolisierte also selbst die 9.

Im indianischen Zentralamerika galt die 9 als Zahl der Unterwelt, der Erde und des mondbestimmten weiblichen Zyklus. Und bekanntlich braucht der menschliche Fötus neun Monate zur Reifung im Mutterschoß.

Schließlich: Wenn man irgendeiner Zahl – jeder beliebigen Zahl – 9 hinzufügt, ist die Quersumme so, als ob keine 9 addiert worden wäre. Einige Beispiele:

- 3 + 9 = 12; 1 + 2 = 3
- 24 + 9 = 33; 3 + 3 = 6 (genau wie 24: 2 + 4 = 6)
- 83 + 9 = 92; 9 + 2 = 11 (genau wie 83: 8 + 3 = 11)

Wenn man jede beliebige Zahl mit 9 jedoch multipliziert, ergibt die Quersumme des Ergebnisses immer eine 9. Wieder Beispiele:

- 3 x 9 = 27; 2 + 7 = 9
- 6 x 9 = 54; 5 + 4 = 9
- 13 x 9 = 117; 1 + 1 + 7 = 9
- 546 x 9 = 4914; 4 + 9 + 1 + 4 = 18; 1 + 8 = 9

Die Zahl 10

Zehn biblische Namen Gottes finden wir im Alten Testament, und in zehn Formen tritt die Gottheit im hinduistischen Tantrismus auf. Zehn Avatare oder Inkarnationen von Vishnu kennen die Verehrer dieses Gottesaspektes. Rama, Krishna und Buddha sind die bei uns bekanntesten Inkarnationen Vishnus.

Die zehn Gebote des Christentums sind die vielleicht am weitesten verbreitete Zuordnung einer Zahl zu einem Sinn. Die jüdische Mystik, die Kabbala, spricht von zehn Sefiroth, von zehn Prinzipien oder

Lichtern, die den »Baum des Lebens« bilden. Und zu wichtigen religiösen Anlässen bedarf es einer »Zehnschaft« von Männern (ja, auch das Judentum ist ziemlich traditionell patriarchalisch strukturiert). Zehn Tore hat der Körper – neun führen die Aufmerksamkeit nach außen in die Welt von Raum, Zeit und Vergänglichkeit, eines führt nach innen zur Quelle von Sein, Frieden, Liebe und Licht. Die neun Tore zur Außenwelt sind die beiden Augen, die beiden Ohren, die beiden Nasenlöcher, der Mund, das Geschlechts- und das Ausscheidungsorgan. Das zehnte Tor – das in Indien auch *Daswan Dwar,* eben »zehntes Tor«, heißt – ist das »Einzelauge«, das auch »drittes Auge« oder »Einauge« genannt wird oder »Sitz der Seele«. Es befindet sich hinter und zwischen den Augenbrauen.*

Die 10 ist die höhere 1, sie symbolisiert den Durchbruch in eine neue Dimension.

Die Zahl 11

Das theologische Mittelalter sah in dieser Zahl eine »schlechte« Zahl – zwischen der 10 der Zehn Gebote Jahwes und der 12 der zwölf Apostel Jesu schien sie keinerlei göttlichen Bezug zu offenbaren.

* Mehr dazu in meinem Buch über Meditation; siehe www.wulfingvonrohr.info.

Im Rund der Tierkreiszeichen ist das elfte das Zeichen Wassermann, das für Reform und Revolution, für Erneuerung steht.

Die 11 und ein Mehrfaches davon – also 22, 33 und so fort – gelten in der modernen Numerologie als Meisterzahlen. Ob sie für den betroffenen Menschen jedoch wirklich eine solche darstellen oder nicht, hängt sicher vor allem von der individuellen Bewusstseinsentwicklung und den jeweiligen Umständen ab.

11 ist die erste zweistellige Primzahl, die aus der Addition der Schöpfungs- und Willenszahl 1 mit der Durchbruchszahl 10 entsteht bzw. aus der Addition der aufbauenden 3 mit der unendlichen 8 oder der menschlich-freien 5 mit der innerlich-harmonischen 6. Die 11 ergibt sich aber auch als Summe, wenn wir die festigende, gespannte 4 mit der schicksalhaften 7 addieren, oder die polare, ebenfalls gespannte 2 mit der Abschluss verheißenden 9. Das könnte numerologisch sozusagen die problematische Kehrseite der 11 symbolisieren.

Die Zahl 12

Zwölf Apostel, zwölf Tierkreiszeichen, zwölf Monate des Jahres, zwölf Stämme Israels – die Zahl

12 taucht in Mythologie und Alltagsleben häufig auf. Die 12 steht in beinahe jeder Kultur für Vollkommenheit und Vervollkommnung, mehr noch als die 9.

Unter den zwölf Aposteln war ein »Verräter«, Judas – waren es eigentlich also nur elf »echte« Apostel? Allerdings: Ohne den »Verrat« keine Heilsgeschichte, Himmelfahrt, Erlösung der Gläubigen – war Judas also sehr wohl ein notwendiger Apostel, der einzige, der sich selbst »opferte«? Nach Judas' Tod wurde Matthias die Stellung des zwölften Apostels zugewiesen.

Johannes beschreibt in seiner Offenbarung, dass das »neue Jerusalem« eine Stadt mit zwölf Toren sei, die von zwölf Stämmen bewohnt werde.

Das zwölfte Tierkreiszeichen, Fische, gilt als das Symbol Jesu Christi und des Zeitalters, das er eingeleitet hatte. Wir befinden uns jetzt am Anfang des elften Zeichens, Wassermann (weil der sogenannte Frühlingspunkt »rückwärts« durch den Tierkreis wandert).

Unsere Zeit messen wir meist nach dem Zwölf-Stunden-Rhythmus, das englische Pfund besteht aus zwölf Unzen, und manche nutzen noch die Bezeichnung Dutzend für zwölf Stück. Selbst Maße und Gewichte bestimmen wir also teilweise auch heute noch nach einem Zahlensystem, in dem die 12 entscheidend ist.

Die Zahl 13

Wenn man den Meister Jesus mitzählt, saßen ursprünglich dreizehn Menschen beim Letzten Abendmahl beisammen. Das erinnert uns daran, dass die 13 zumindest seither ein Unglücksomen ist. Jesus soll bereits damals gesagt haben, dass ein »Verräter« unter den zwölf Aposteln war.

Maimonides, der »zweite Moses«, ein jüdischer Religionslehrer des 12. Jahrhunderts, formulierte dreizehn Glaubenssätze:

1. Anerkennung der Existenz Gottes.
2. Einzigartigkeit Gottes, die nichts anderem gleicht (worin der mosaische Glauben übrigens ganz mit dem Islam übereinstimmt).
3. Gott hat kein materielles Wesen, und deshalb müssen alle Bibelverweise auf Gott (beispielsweise auf die »Hände« Gottes etc.) als rein symbolisch und metaphorisch verstanden werden.
4. Gott ist ewig.
5. Nur Gott ist es wert und verdient es, angebetet zu werden.
6. Die Worte der Propheten sind Botschaften Gottes.

7. Moses war der bedeutendste aller Propheten, und nur er erhielt Gottes Wort bei vollem Bewusstsein (dies sagen andere Religionen von ihren »Propheten« bekanntlich auch).
8. Moses erhielt die gesamte Torah oder Thora direkt von Gott.
9. Der Thora darf nichts hinzugefügt, und es darf nichts weggelassen werden.
10. Gott nimmt alles menschliche Verhalten wahr.
11. Nach dem Tod richtet Gott; er belohnt die Guten und bestraft die Bösen. (Das wird nicht überall im Judentum so gesehen – manche meinen, dass sich die Menschen nach ihrem Tod selbst beurteilen und richten.)
12. Gott wird den Messias senden, den Gesalbten und Erlöser.
13. Wenn der Messias kommt, werden die Toten in körperlicher Form auferstehen. (Auch dies ist im Judentum keine einhellige Auffassung.)*

Die Zahl 14

14 Kreuzstationen zeigen den Leidensweg Jesu Christi. 14 Nothelfer und Schutzpatrone kennt vor

* Diese Aufstellung stammt aus dem Buch »Spirituality by the Numbers« von Georg Feuerstein, Seite 198 f. Die Bemerkungen in den Klammern sind von mir hinzugefügt worden.

allem der katholische Süden in Bayern und Österreich. 3 mal 14 Generationen nennt der Stammbaum Jesu, der in zwei Evangelien zu finden ist – jeweils 14 Generationen von Abraham bis David, 14 von David bis zur babylonischen Gefangenschaft und erneut 14 Generationen von da an bis zu Jesus.

Im Jainismus, einer alten indischen Religion, die sich aus dem Hinduismus entwickelt hat, kennt man 14 spirituelle Ebenen der Seele. Das führt von anfänglichen Illusionen über Stadien der Bewusstwerdung und Selbstdisziplin bis hin zu den höchsten Stufen von Weisheit und Allwissenheit.

14 gilt vielen auch als Marienzahl. Am Marienwallfahrtsort Großgmain am Untersberg im Salzburger Land hat der dortige Pfarrer, Geistlicher Rat Herbert Josef Schmatzberger, diesen Zusammenhang immer wieder erarbeitet und im »Marienheilgarten« zwischen Kirche, Friedhof und Pfarrhaus auch sichtbar gemacht.

Die Zahl 18

18 Segnungen kennt das Judentum. Sie sind Erklärungen des Lobes und der Dankbarkeit der Menschen gegenüber Gott, dessen Größe, Heiligkeit, Liebe, Heilkraft und Erlösungsgeist erkannt und gepriesen werden.

Die Zahl 32

32 mehr oder weniger geheime Pfade zum Verständnis der Kabbala soll es geben. Die Zahl 32 taucht auch in den klassischen Überlieferungen auf, woran ein wahrer Buddha zu erkennen sei. Da werden eine goldene Hautfarbe, ein voller Körper und vieles mehr genannt.

Die Zahl 33

33 Wege soll es geben, um zwischen der materiellen Welt und den geistigen Welten zu reisen. So Jonathan Black in seinem Buch »Die geheime Geschichte der Welt«.* Black spricht davon, dass 33 der Rhythmus der vegetativen Dimension des Kosmos sei, jener Kraft, welche die Interaktionen zwischen den spirituellen Ebenen und der irdischen kontrolliere.

Die 33 begegnet uns in der Freimaurerei bei den sogenannten Hochgraden; dort ist der 33.° der höchste Rang.

* »Die geheime Geschichte der Welt« von Jonathan Black, Arkana Verlag.

Die Zahl 40

40 Tage und 40 Nächte hielt der Dauerregen an, der die Sintflut brachte.
40 Tage und Nächte verbrachte Moses auf dem Berg Sinai, 3 mal 40 Jahre lebte er (5. Mos. 34,7).
40 Tage und Nächte wanderte Elias zum Berg Horeb (1. Kön. 19,8).
40 Jahre regierten die Könige David und Salomon.
40 Tage und Nächte dauerte das Fasten Jesu in der Wüste (Mat. 4,2).
40 Tage lang hielt sich der auferstandene Jesus Christus unter seinen Jüngern auf (Apg. 1,3).

Die Zahl 40 wurde in verschiedenen antiken Kulturen als eine Zahl der Prüfung und der Verwandlung, aber auch des Todes betrachtet. In der Astrologie ist die Zahl 40 das Ergebnis, wenn man die 360° des ganzen und vollkommenen Kreises durch 9, die Zahl der Beendigung, dividiert.

Die Zahl 44

44 ist der numerologische Zahlenwert für das Wort »Kind« im Hebräischen. Es setzt sich aus dem Zahlenwert 3 für »Vater« und dem Zahlenwert 41 für »Mutter« zusammen.

Die Zahl 50

50 Tage nach der Auferstehung ist Pfingsten. Es heißt im Griechischen auch *pentekoste,* »der fünfzigste Tag«. Pfingsten geht auf das jüdische Schawuot-Fest zurück, das 50 Tage nach Pessach gefeiert wird. In den Gesetzen über den Sabbat im Alten Testament wird dazu gesagt, dass man 50 Tage zählen soll bis zum Tag nach dem siebenten Sabbat, um Gott ein neues Speisopfer darzubringen. Das Pessach-Fest erinnert an den Auszug des jüdischen Volkes aus Ägypten und das Ende der Versklavung; das Schawuot-Fest an die zweite Übergabe der Zehn Gebote an das jüdische Volk.*

Im Christentum ist Pfingsten einerseits die Feier der Entsendung des Heiligen Geistes, andererseits gilt es auch als der Zeitpunkt, zu dem die Kirche begründet wurde.

Die Zahl 50 hat auch in der modernen Gesellschaft eine große Bedeutung, wenn wir an die Feiern zum 50. Geburtstag eines Menschen denken, der einen Höhepunkt des Lebens markiert.

* Quelle: »Die geheime Geschichte der Welt« von Jonathan Black, Arkana Verlag, Seite 234.

Die Zahl 60

60 Sekunden zählt eine Minute, 60 Minuten eine Stunde. In früheren Jahrhunderten gab es die Maßeinheit Schock, die fünf Dutzend, also 60 Einheiten, einer Ware angab, zum Beispiel »ein Schock Eier«. 6 mal 60 ergibt die Gradzahl des vollkommenen Kreises mit 360 Grad.

Die Zahl 64

64 Yoginis kennt der Tantrismus. Diese weiblichen Yogis sind, je nach Lesart, entweder 64 Aspekte der weiblichen Kraft der Göttin Durga oder 64 innerpsychische Gestalten der Anima, des weiblichen Archetypus.

Die Zahl 70

70 Jahre währt unser Leben, sagt der Psalm (90,10). Er fährt fort: »und wenn's hoch kommt, so sind's achtzig Jahre.« Die Zahl 70 taucht in der Bibel häufiger auf. So ist von 70 Ältesten Israels die Rede (2. Mos. 24,1); die Gefangenschaft des Volkes Juda dauert 70 Jahre (Jer. 25,11); bis zu 77 Mal solle der Mensch verzeihen und vergeben, spricht Jesus (Mat. 18,22). Und schließlich wurde im Jahre 70 nach unserer Zeitrechnung der Tempel in Jerusalem zerstört.

Die Zahl 72

72 Namen Gottes kennt die Kabbala, die jüdische Mystik. Und 72 Sprossen soll Jakobs Leiter nach den Angaben des Sohars, eines kabbalistischen Hauptwerks, gehabt haben.

Die Zahl 84

84 Adepten oder *Maha Siddhas* haben zwischen 800 und 1200 n. Chr. gelebt, die im Tantrismus als Meister-Heilige verehrt werden. Die Namen Naropa und Tilopa dürften darunter die bei uns bekanntesten sein. Viele von diesen 84 Meistern lehrten physische Unsterblichkeit in einem transformierten Körper. Offensichtlich sind es unsterbliche Meister über Zeit und Raum, die an einem mythischen Ort leben sollen (in Siddhapura, in der Stadt der Adepten) und sich womöglich ab und an körperlich dicht manifestieren. (Man könnte in unseren Breiten dabei durchaus an Saint-Germain denken.)

Die Zahl 95

95 Thesen waren es, die der Augustinermönch Martin Luther (1483–1546) im Jahr 1517 zur Reformierung der Kirche verfasste und, wie es die Legende will, an das Kirchenportal der Schlosskirche

von Wittenberg angeschlagen haben soll. Diese 95 Thesen brachten die Reformation und die Kirchenspaltung hervor.

Die Zahl *100*

100 Namen Allahs soll es geben, von denen nur 99 bekannt sind und der 100. (in der Regel) unbekannt ist bzw. geheim gehalten und nur fortgeschrittenen Mystik-Schülern/innen offenbart wird.

100 und alle weiteren runden Hunderter beinhalten immer die Bedeutung der ersten Ziffer zwischen 1 und 9 und dann deren »Erhöhung« auf nicht nur eine höhere zweite Ebene wie bei den Zehnern von 10, 20 und so fort, sondern auf eine höhere dritte Ebene.

Die Zahl *101*

101 Nadis bzw. Energiebahnen soll es im menschlichen Körper geben. Die Nadis entsprechen nicht den Meridianen, sondern stellen ein eigenes Yoga-Prinzip dar.

Die Zahl 101 dürfte oft eher symbolisch gemeint sein und einfach »sehr viele« bedeuten. Denn manchmal wird auch von Tausenden Nadis gesprochen.

Die Zahl 108

108 ist eine Zahl, die in Indien und im gesamten hinduistisch-buddhistischen Kulturraum als heilig betrachtet wird. Sie symbolisiert dort Ganzheit, Vollständigkeit und Vollkommenheit. 108 *Gopis,* also Schafhirtinnen, umschwärmen Lord Krishna, 108 Perlen haben der hinduistische und der buddhistische Rosenkranz. 108 ist auch eine Zahl, die in der Hindu-Astrologie mit dem Mond in Verbindung steht. Das Edelmetall Silber wird dem Mond zugeordnet; Silber hat ein Atomgewicht von fast 108! In der tantrischen Überlieferung ist von 108 Pilgerorten die Rede, die dem weiblichen Mondprinzip, der Shakti, geweiht sind. Vor über dreiundeinhalb Jahrzehnten in Rishikesh habe ich beim Besuch in einem Ashram mit eigenen Augen lesen können, wie der Briefkopf eines dort ansässigen Gurus lautete: »Sri 108x Sri ...«

Die Zahl 111

111 und alle Vielfachen davon wie 222, 333 und so fort zeigen an, dass die Kraft der jeweiligen Ziffer auf allen drei Ebenen, der körperlich-irdischen, der emotional-mentalen und der geistig-spirituellen Ebene wirksam werden kann.

Die Zahl 144

144 ist der Zahlenwert für den Garten Eden im Hebräischen. 144 ist bekanntlich auch 12 mal 12, also eine Potenzierung der Zahl 12.

Die Zahl 153

153 ist die Zahl der Fische, die Simon Petrus im Verlaufe der Begegnung mit dem auferstandenen Jesus Christus aus dem übervollen Netz birgt. Die Vermutung, diese Zahl sei symbolisch für die Zahl derer, die von Jesus in seiner Zeit des irdischen Wirkens erlöst wurden, kann nicht mehr als eine Spekulation bleiben. Bedeutsam scheint diese Zahl jedoch zu sein.

Die Zahl 227

227 Regeln gibt es für den Novizen, der sich zum buddhistischen Mönch weihen lassen möchte. (Manche Schulen haben 263, für Nonnen gibt es 279 oder 380 Regeln). 10 dieser Regeln empfängt der Novize beim Eintritt: Verboten sind die Zerstörung von Leben, Diebstahl, Sexualität, Lüge, Alkohol, Mahlzeiten zu verbotenen Zeiten, Unterhaltung wie Tanz und Gesang, Schmuck des Körpers, Verwendung eines besonderen Sitzes und Annahme von Gold oder Silber.

Die Zahl 231

231 »Tore« besitzt das hebräische Alphabet, das aus 22 Grundbuchstaben besteht. Die Tore sind Zugangswege, um die Geheimnisse der Buchstaben zu ergründen. 231 ist die Anzahl der möglichen Kombinationen zwischen jeweils zwei dieser Lettern. Eine andere kabbalistische Tradition kennt 221 Tore und beruft sich darauf, dass eine Prophezeiung im Talmud sagt, König Davids Kelch fasse 221 Maß.

Die Zahl 260

260 ist die Anzahl der Tage im Jahr in einem der fünf (!) Maya-Kalendersysteme. Dieser Zyklus von 260 Tagen heißt *Tzolkin* und dient als eine Art Orakelkalender. Die anderen Maya-Kalender sind ihr Sonnenkalender mit etwa 365,2 Tagen, ihr Kalender eines idealen Jahres von 360 Tagen, die sich aus 18 Monaten zu je 20 Tagen ergeben. Der nächste Kalender umfasst 584 Tage und bezieht sich auf die Umlaufbahn der Venus (die sogenannte synodische Periode); der fünfte ist ein Mondkalender mit rund 29,5 Tagen pro Mond-Monat.

Die Zahl 360

360° misst ein Kreis. 30 Mal ist darin die heilige Zahl 12 enthalten bzw. 12 mal 30° zu jeweils 60

Minuten, die ihrerseits jeweils von 60 Sekunden gebildet werden. Die 360° spielen auch im Horoskop eine Rolle.

Die Zahl 500

500 Statuen von *Arhats,* von erleuchteten buddhistischen Heiligen, schmücken Altäre in chinesischen und japanischen Klöstern. So viele Heilige sollen am ersten buddhistischen Konzil teilgenommen haben, das kurz nach dem Tod des historischen Buddhas zusammentrat. Manchmal ist auch die Rede von »nur« 108 Arhats, was jedoch wohl auf die Bedeutung der Zahl 108 im hinduistisch-buddhistischen Kulturraum zurückgeht.

Die Zahl 613

613 ist die Zahl der jüdischen Verbote und Gebote, der sogenannten Mitzwot (Einzahl: Mitzwa), die entweder aus der Thora stammen oder von Rabbinern festgelegt wurden. Darunter sind 365 Verbote und 248 Gebote: 248 soll der Anzahl der Knochen im menschlichen Körper entsprechen, die 365 den Tagen des Jahres. Jeden Knochen soll der Mensch für etwas Gutes einsetzen, an jedem Tag möge er sich davor hüten zu sündigen. Zu den Geboten gehört die Ruhe am siebenten Tag der Woche, am

Sabbat, das allerdings im Falle von Lebensgefahr aufgehoben werden kann.

Die Zahl 666

666 ist bekanntlich angeblich die »Zahl des Teufels«, wenn man diese Aussage der Johannesoffenbarung wörtlich nimmt: »Hier ist Weisheit! Wer Verstand hat, der überlege die Zahl des Tieres, denn es ist eines Menschen Zahl und seine Zahl ist 666« (Off. 13,18). Aber auch das Alte Testament nennt diese Zahl 666, zum Beispiel so: »Und es war das Gewicht des Goldes, das Salomo in einem Jahr gebracht wurde, 666 Zentner …« (2. Chr. 9,13).

Bei Georg Feuerstein lesen wir von einer anderen Deutung der Zahl 666. Dort stellt sie eine Ableitung aus der »heiligen Geometrie« nach hermetischen Traditionen Europas dar, die auf Pythagoras und altägyptisches Wissen zurückgehen. Demnach gibt es ein magisches Sonnenquadrat, dessen Reihen in der Summe jeweils 111 ergeben, und insgesamt eben 666.

6	32	3	34	35	1
7	11	27	28	8	30
19	14	16	15	23	24
18	20	22	21	17	13
25	29	10	9	26	12
36	5	33	4	2	31

Die Zahl 1000

1000 Namen für das Göttliche soll es im Hinduismus geben. Selbstverständlich weiß auch diese alte Religion, dass das Göttliche jenseits von Raum, Zeit und Namen ist, aber doch für Menschen auf der Erde immer wieder greifbarer Namen bedarf. Im Yoga spricht man vom Scheitelchakra als dem »tausendblättrigen« Lotos. Jeder der 1000 Gottesnamen soll mit einem dieser rein geistigen Blütenblätter in Beziehung stehen.

Die Zahl 2150

2150 Jahre beträgt ungefähr und durchschnittlich ein »platonischer Monat« oder »Weltmonat«. Diese Spanne bezeichnet die Zeitdauer, bis eines der zwölf Tierkreiszeichen am sogenannten Frühlingspunkt erneut aufgeht. Dieser wandert rückwärts durch den Tierkreis. Deshalb folgt dem Fische-Zeitalter zu Zeiten Jesu als neue Epoche nun das Wassermannzeitalter.

Die Zahl 25 750

25 750 Jahre dauert ein »platonisches Jahr« bzw. ein »Weltjahr«: So lange dauert es, bis der Frühlingspunkt einmal durch den ganzen Tierkreis gewandert ist.

Die Zahl 144 000

An drei Stellen wird im Schlussteil des Neuen Testaments, in der sogenannten Johannes-Offenbarung, die Zahl 144 000 erwähnt:

- Und ich erfuhr die Zahl derer, die mit dem Siegel gekennzeichnet waren. Es waren hundertvierundvierzigtausend aus allen Stämmen der Söhne Israels, die das Siegel trugen (Off. 7,4).
- Und ich sah: Das Lamm stand auf dem Berg Zion, und bei ihm waren hundertvierundvierzigtausend; auf ihrer Stirn trugen sie seinen Namen und den Namen seines Vaters (Off. 14,1).
- Und sie sangen ein neues Lied vor dem Thron und vor den vier Lebewesen und vor den Ältesten. Aber niemand konnte das Lied singen lernen außer den hundertvierundvierzigtausend, die freigekauft und von der Erde weggenommen worden sind (Off. 14,3).

Auch der Text von Offenbarung Kapitel 7, 5–8 bezieht sich ausdrücklich auf diese 144 000, denn hier wird eine Zahl von zwölf Stämmen mit jeweils 12 000 Angehörigen genannt.

Die Frage ist, ob die 144 000 Menschen = Seelen, die errettet werden sollen, buchstäblich oder symbolisch gemeint sind. Es gibt religiöse Gruppen (Jehovas Zeugen zum Beispiel), die es wörtlich nehmen. Eine interessante neue Sicht dazu finden wir im Buch von Geoffrey und Linda Hoppe »Wir sind

Engel auf Erden« (Ansata Verlag). Dort heißt es, dass es 144 000 Engel*familien* gibt, und wir alle zu einer dieser Familien gehören. Weiter, dass selbstverständlich alle »errettet« werden, das heißt, dass alle Seelen eines Tages aufwachen und sich ihrer eigenen Göttlichkeit bewusst sind.

***

Aus einer überbordenden Fülle von symbolischen und magischen Bedeutungen von Zahlen in den verschiedenen Kulturen der Welt waren dies nur einige wirklich recht sparsame Hinweise. Einen reichen Schatz an vertiefenden Beispielen finden Sie im Buch »Das Mysterium der Zahl« von Franz Carl Endres und Annemarie Schimmel sowie in anderen Werken (siehe Literaturhinweise). Kommen wir nun zur praktischen Anwendung der verborgenen Kräfte von Zahlen im Alltag, so wie es die Numerologie, die Zahlenkunde, lehrt.

3

Wichtige Lebenszahlen

Wofür Zahlen stehen und wie Sie Ihre persönlichen Zahlen berechnen

Zahlen und ihre symbolische Bedeutung spielen in allen Lebensbereichen eine Rolle. Mit der Numerologie können wir Kräfte und Energien in Menschen, Situationen, Dingen, Orten, Firmen und so weiter greifbar werden lassen. Wir können neue Perspektiven entdecken und einen tieferen Sinn in unserem Leben finden. Wir können mit der Numerologie aber auch rein aus spielerischer Freude umgehen oder um auszuprobieren, ob wir mit ihrer Hilfe zu aufschlussreichen neuen Einsichten gelangen.

Es gibt selbstverständlich Grenzen der Zahlenweisheit. Die Numerologie sollte nicht zu einer Manie werden, wir sollten uns nicht in ihr verlieren und sie auch nicht überbewerten. Wer keinen Schritt vor die Tür machen will, weil die Tageszahl »nicht stimmt«, oder wer einen Menschen ablehnt, weil dessen Partnerzahl nicht mit der eigenen zu harmonieren scheint, befindet sich meines Erachtens auf einem Holzweg.

Von der Berechnung einer »Seelenzahl« halte ich persönlich übrigens weniger, deshalb finden Sie diesen Begriff in diesem Buch auch nicht. Die Seele – im spirituellen Sinne verstanden als Funke des göttlichen Bewusstseins und ewiger Kern des Menschen – entzieht sich jeder »Berechnung«. Ihre Heilung, Erlösung und Erleuchtung ist eine Frage der Innenschau, der Meditation, der Rückverbindung des individuellen Bewusstseins mit der ewigen Schöpferquelle. In meinem Taschenbuch »Kleine Erleuchtungen« (Knaur Verlag) sowie in meinem Buch »Meditation – Kraft aus der Stille« (E-Buch im Kindle Shop) finden Sie dazu mehr.

Aber: Wer gern eine sogenannte Seelenzahl errechnet, mit ihr arbeitet und dabei feststellt, dass sie ihm zu neuen Einsichten verhilft, ist ganz genauso auf dem »richtigen Weg«. Letztlich entscheiden Sie, was stimmig für Sie ist und was nicht!

Die Bildung von Quersummen: das Grundprinzip der Numerologie

Die Grundlage für jede Form von Numerologie ist die Bildung von sogenannten Quersummen. Da zwar die allermeisten, aber vielleicht doch nicht jeder Leser weiß, was damit gemeint ist, hier eine knappe Erklärung. Die anderen können es ja überblättern. Quersummen entstehen, wenn man bei Zahlenreihen, Daten und so fort die einzelnen Ziffern addiert und dann jeweils entweder auf eine zweistellige Zahl oder sogar auf eine einstellige Zahl reduziert.

Ein Beispiel anhand der Jahre 2013 und 2018. 2013 bereitet man numerologisch so auf, dass man die 2 und die 0 und die 1 und die 3 jeweils addiert. Das können wir auf diese Weise darstellen: 2 + 0 + 1 + 3 = 6

Die 0 könnte man hier »fallen lassen« (manchmal aber auch nicht, wie wir später sehen werden). 2013 hat numerologisch betrachtet eine Grundstimmung oder Schwingung oder Energie wie die 6. (Was das bedeutet, dazu später.)

Nach demselben Prinzip verfahren wir mit der Zahl 2018: 2 + 0 + 1 + 8 = 11. Hier haben wir es mit einem zweistelligen Ergebnis zu tun. Je nach

Fragestellung und numerologischer Methode deuten wir 2018 also nach dem, was die 11 besagt. Oder wir reduzieren weiter, und zwar so: 1 + 1 = 2. Dann erhalten wir eine einstellige Zahl, die 2, und deuten diese. 2018 schwingt also mit der Energie der 2 bzw. der 11.

Die Umwandlung von Buchstaben in Zahlen

Wir haben es in der Numerologie aber nicht nur mit Zahlen zu tun, sondern sehr oft auch mit Worten, mit Buchstaben. Da wir in einem Kulturraum leben, in dem die lateinische Schrift mit den lateinischen Buchstaben seit nunmehr bald 2000 Jahren vorherrschend ist, beruht die für uns sinnvolle Numerologie meiner Überzeugung nach auf der Umwandlung der Buchstaben des lateinischen Alphabets in Zahlen. Die kabbalistische Numerologie, die sich auf das hebräische Alphabet bezieht, kommt für uns nach meiner persönlichen Ansicht nicht in Betracht und wird deshalb in diesem Buch auch nicht behandelt.

Die Umwandlung von Buchstaben in Zahlenwerte können Sie aus dieser Tabelle entnehmen:

1 = A J S
2 = B K T
3 = C L U
4 = D M V
5 = E N W
6 = F O X
7 = G P Y
8 = H Q Z
9 = I R

Anders aufgelistet (es gibt unterschiedliche Vorlieben):

1	2	3	4	5	6	7	8	9
A	B	C	D	E	F	G	H	I
J	K	L	M	N	O	P	Q	R
S	T	U	V	W	X	Y	Z	

Besonderheiten

- Groß- und Kleinbuchstaben werden gleich behandelt.
- Ä, ö und ü werden wie ae, oe und ue gewertet.
- ß wird in ss umgewandelt.
- Das Adelsprädikat »von« gilt (zumindest in Deutschland und in der Schweiz) als Namensbestandteil.
- Titel, wie zum Beispiel Dr., Dr. jur., Prof., Dipl.-Ing. und so fort, werden dann, wenn sie juristisch zum Namen gehören und beispielsweise im Pass eingetragen sind, ebenfalls mit gewertet, wenn Sie Ihre Gesamt-Namenszahl ausrechnen. Bei der Partnerzahl verwenden wir nur den Vornamen.

Es wird trotz aller Regeln immer wieder dazu kommen, dass Unklarheiten entstehen oder bestehen bleiben, dass sogenannte Grauzonen existieren. Ich empfehle in diesem Fall, sich nach gesundem Menschenverstand und Intuition zu entscheiden.

Spielerische Numerologie

Wir dürfen mit Zahlen auch ruhig spielerisch umgehen und zum Beispiel fragen, ob sich der technologische Sprung in die Neuzeit auch in den Namen der vermeintlichen Errungenschaften numerologisch niederschlägt. Einige Gegenüberstellungen und Einzelbeispiele (mehr zur numerologischen Bedeutung der Zahlen weiter unten):

S c h r e i b m a s c h i n e
1 + 3 + 8 + 9 + 5 + 9 + 2 + 4 + 1 + 1 + 3 + 8 + 9 + 5 + 5 = 73 = 7 + 3 = 10 oder 1

C o m p u t e r
3 + 6 + 4 + 7 + 3 + 2 + 5 + 9 = 39 = 3 + 9 = 12 = 1 + 2 = 3

Die Schreibmaschine mit ihrer Zahl 10 bzw. 1 stellte zweifelsohne einen entscheidenden Durchbruch oder Neubeginn dar. Der Computer mit der Zahl 3 verheißt demgegenüber eine komplexe, reiche schöpferische Gestaltungsvielfalt.

K u t s c h e
2 + 3 + 2 + 1 + 3 + 8 + 5 = 24 = 2 + 4 = 6

A u t o
1 + 3 + 2 + 6 = 12 = 1 + 2 = 3

Die Kutsche mit ihrer Zahl 6, die für in sich ruhende Harmonie und Beschaulichkeit steht, wird abgelöst vom Auto, dessen Zahl 3 ebenfalls mehr Dynamik und Entwicklungsmöglichkeiten signalisiert.

Atomkraft
1 + 2 + 6 + 4 + 2 + 9 + 1 + 6 + 2 = 33 = 3 x 11
(bzw. 3 + 3 = 6)

Der Begriff Atomkraft führt zu einer sogenannten Meisterzahl, zur 33, in der die 11 dreimal enthalten ist (und die man oft nicht weiter »reduziert«). Die Zwiespältigkeit, die Meisterzahlen anzeigen, wird an diesem Beispiel gut deutlich: Ob die hohe Energie, die »Meisterzahlen« signalisieren, positiv oder negativ wirkt, sei dahingestellt und muss immer wieder neu geprüft werden. Das ist beim Wort Atomkraft und der Technologie, wofür es steht, überdeutlich.

Strom
1 + 2 + 9 + 6 + 4 = 22 = 2 x 11 (bzw. 2 + 2 = 4)

Auch der Begriff Strom führt zu einer Meisterzahl, wenn auch zu einer niedrigeren. Sowohl als großer Fluss wie als elektrischer Strom kann »Strom« Segen oder Fluch sein – denken Sie an die notwendigen oder aber verheerenden Überschwemmungen ganzer Landstriche durch große Ströme, denken

Sie an den Nutzen und an den Fluch der Elektrifizierung.

Nach diesem eher spielerischen Einstieg nun zur Numerologie in der Anwendung im persönlichen Leben. Wir konzentrieren uns auf einige wesentliche Lebenszahlen.

Wichtige Lebenszahlen

Zunächst seien die wichtigsten Lebenszahlen im Überblick erklärt, später folgen Beispiele und Anwendungen.

- Die **einmalige Geburtstagszahl** ergibt sich aus der Quersumme aller Zahlen des Geburtsdatums. Ihre Geburtstagszahl steht für die Grundkraft, die Ihr Leben bestimmt.
- Die **jährlich fortlaufende Geburtstagszahl** ergibt sich aus Ihrem Geburtstag, dem Geburtsmonat und dem jeweils laufenden Jahr. Diese fortlaufende Geburtstagszahl zeigt an, mit welcher Energie Sie es im jeweiligen Jahr zu tun haben.
- Die **Namenszahl** ergibt sich aus der Quersumme der Zahlen, die den Buchstaben eines Namens entsprechen. Ihre Namenszahl verrät etwas über die Art und Weise, wie Sie sich geben. Wir können im weiteren Detail zwischen der Energie des noch persönlicheren Vornamens und der Schwingung des eher allgemeineren Nachnamens unterscheiden.
- Die **Wohnortzahl** ergibt sich aus der Quersumme der Zahlen, die den Buchstaben des Ortes entsprechen, an dem Sie wohnen. Ihre Wohnortzahl sagt etwas über die Schwingung aus, in der Sie an Ihrem Wohnort leben.

- Die **Berufszahl** ergibt sich aus der Quersumme der Zahlen, die den Buchstaben Ihrer Berufsbezeichnung entsprechen. Diese Berufszahl zeigt an, mit welcher Energie Ihr Beruf zu tun hat.
- Die **Partnerzahl** ergibt sich aus der kombinierten Quersumme von Geburtsdatum und Vorname von Partner oder Partnerin. Diese Partnerzahl wird mit Ihrer eigenen Partnerzahl verglichen, um Übereinstimmung oder Spannungen, Chancen oder Herausforderungen zu bestimmen.
- Die **Tageszahl** ergibt sich aus der Quersumme des Tages und steht für die nur kurz wirksame Tagesqualität.
- Die **Monatszahl** ist die Quersumme des jeweiligen Monats. Sie symbolisiert die vorherrschende Schwingung im betreffenden Monatszeitraum.
- Die **Jahreszahl** ergibt sich aus der Quersumme des Kalenderjahres. Sie bezeichnet – neben der individuell gültigen »fortlaufenden Geburtstagszahl« – die Kraft, die im betreffenden Jahr für alle Menschen eine Rolle spielt.

Die Berechnung Ihrer Geburtstagszahl

Nehmen wir an, Ihr Geburtstag ist der 13. April 1967. Sie schreiben den Monat auch als Zahl aus, das liest sich so:

13.04.1967

Alle Zahlen dieses Datums addieren Sie, um zur Quersumme zu gelangen:

1 + 3 + 0 + 4 + 1 + 9 + 6 + 7 = 31 = 3 + 1 = 4

Sie können auch zunächst einmal die Quersumme von Tag und Monat berechnen und getrennt davon die Quersumme des Jahres. Das liest sich dann so:

1 + 3 + 0 + 4 = 8
1 + 9 + 6 + 7 = 23 = 2 + 3 = 5

Erste Übersicht zur Bedeutung von Geburtszahlen

- Die **Quersumme des gesamten Geburtsdatums** zeigt den Kern der **Persönlichkeit** und seine **Lebensaufgabe.** Beim Vergleich zur Astrologie könnte man den Sonnenstand im Geburtshoroskop gleichsetzen.
- Die **Quersumme von Tag und Monat** der Geburt bezeichnet die **persönliche Ausprägung** bzw. Art und Weise, wie der Mensch mit den allgemeinen Jahrgangsbedingungen umgeht, die für alle Menschen seines Geburtsjahrs gelten.
- Die **Quersumme nur des Geburtsjahres** steht für jene **allgemeinen Einflüsse,** die für einen ganzen Jahrgang gültig sind.

Manche Numerologen meinen, dass die Quersumme von Geburtstag und Geburtsmonat am wichtigsten sei, andere finden, dass die Gesamtzahl am aussagekräftigsten sei. Ich glaube, dass es darauf ankommt, wie die Umstände sind, welche Fragen man klären möchte, und dergleichen mehr. Sie sollten damit selbst experimentieren. Im Partnervergleich zum Beispiel ist oft eine Gegenüberstellung der Quersummen von Tag und Monat der Geburtstage aufschlussreicher.

Erste Übersicht zur Bedeutung von Namenszahlen

- Die **Quersumme des gesamten Namens** – einschließlich aller Vornamen, wie sie im Pass oder Personalausweis stehen, sowie etwaiger Titel – bezeichnet die Art, wie wir uns der Umwelt zeigen, wie wir die Umwelt aufnehmen und auf sie wirken, also unsere Umweltbeziehungen und unser »Rollenspiel«. Im Vergleich zur Astrologie entspricht die Gesamt-Namenszahl vielleicht am ehesten dem Aszendenten. Man kann diese Zahl des Gesamtnamens auch »**Ausdruckszahl**« nennen. Sie lässt Rückschlüsse zu auf natürliche Talente und Fähigkeiten, in der Welt zu leben und mit ihr umzugehen, unabhängig von der Ausbildung.
- Die **Quersumme des Vornamens,** den man selbst gemeinhin führt oder gebraucht, steht für die individuelle, ganz **persönliche Ausrichtung,** und wie man sich selbst erlebt.
- Die **Quersumme des Nachnamens** weist auf das **Familienerbe** und die Tradition hin.
- Die **Quersumme von Namenszusätzen** zeigt an, was der Mensch in seinem Leben **zusätzlich** aus sich macht.
- Die **Quersumme aller Vokale** im Namen gilt vielen Numerologen als **Motivationszahl,** also als symbolischer Ausdruck für die Kräfte, die Sie antreiben.

- Die **Quersumme aller Konsonanten** im Namen steht nach Ansicht vieler Numerologen für den **ersten Eindruck,** den Sie als Person auf andere Menschen machen.

Basis-Deutung

Eine vereinfachte, weniger detaillierte Deutungsweise kommt mit folgenden drei Zahlen aus, die sich aus den Quersummen von Geburtstagsdatum und Namen ergeben:

- **Das gesamte Geburtsdatum** zeigt die **persönliche Aufgabe** des Lebens auf den Ebenen von Körper, Gemüt und Verstand an.
- **Der gesamte Name** (bzw. dessen Quersumme nach der Umwandlung von Buchstaben in Zahlen) zeigt das **äußere Schicksal.**
- **Die Gesamt-Quersumme von Geburtsdatum und Namen** steht symbolisch für den **höheren, geistigen Lebensplan** des Menschen.

Gleiche Namen in verschiedenen Sprachen

Schauen wir uns jetzt einmal die unterschiedliche numerologische Wertung einiger Namen an, je nach Sprache bzw. Schreibweise.

Im Deutschen ist der folgende Name sehr beliebt:

M a r i a

4 + 1 + 9 + 9 + 1 = 24 = 2 + 4 = 6

Das wird gedeutet als Harmoniestreben und in sich ruhende Beschaulichkeit und Liebe. Vielleicht kennen Sie eine Maria, der Sie diese Schwingung erst noch wünschen; als Anlage ist sie in ihrem Namen jedoch bereits enthalten.

Im Englischen wird Maria anders geschrieben, und zwar

M a r y

4 + 1 + 9 + 7 = 21 = 2 + 1 = 3

Bei dieser Schreibweise stehen schöpferische Entwicklung und Aufbau neuer Dimensionen im Vordergrund. Die unglückliche schottische Queen Mary Stuart kommt in den Sinn, deren Streben nach dem Aufbau einer neuen Dynastie von einer Elisabeth durchkreuzt wurde, deren Name eine 9 ergibt, 3 mal die 3.

Im Französischen heißt es wieder geringfügig anders, nämlich

Marie

4 + 1 + 9 + 9 + 5 = 28 = 2 + 8 = 10 oder 1

Hier dominieren die Kraft der Selbstbestätigung und der Wille zum Erfolg.

Aus dem jüdisch-islamischen Sprachraum kennen wir eine weitere Schreibweise für denselben Namen, und zwar

Miriam

4 + 9 + 9 + 9 + 1 + 4 = 36 = 3 + 6 = 9

Die Beendigung eines Lebenszyklus scheint in dieser Zahl auf, das Streben nach Vervollkommnung.

Interessant, dass bei diesen Schreibweisen ein und desselben Namens drei Male die 3 enthalten ist, in 3, 6 und 9 – und man insofern sogar von einer namenseigenen Kraft sprechen könnte, die sich in unterschiedlichen »Oktaven« ausdrückt. In einem Fall, bei der französischen Schreibweise, ergibt sich die Grundzahl 1 als Quersumme, die mit den 3er-Schritten immerhin in Harmonie steht, nicht im Konflikt.

Schauen wir uns einen zweiten, sehr beliebten weiblichen Vornamen an.

E v a
5 + 4 + 1 = 10 oder 1
Aufbruch, Durchbruch, Wille, Neubeginn.

E v e (die englische Namensform)
5 + 4 + 5 = 14 = 1 + 4 = 5
Die Möglichkeit, sich frei zu entscheiden.

E w a
(das ist die polnische Form desselben Namens)
5 + 5 + 1 = 11 (nicht weiter reduziert,
oder 1 + 1 = 2)

Lebensfreude, Menschlichkeit …

Ähnlich wie bei Maria stehen die Quersummen des Namens Eva in verschiedenen Sprachen (ich habe allerdings nicht wirklich viele untersucht, das gebe ich gern zu) in einem gewissen Sinnzusammenhang und sind in ihren numerologischen Werten zumindest nicht konträr. Was mag das bedeuten? Das mag jeder selbst spüren oder sich vorstellen.

Was bedeutet es, ob sich ein Mensch Christoph oder Christof oder französisch Christophe schreibt? Macht das einen Unterschied?

C h r i s t o p h
3 + 8 + 9 + 9 + 1 + 2 + 6 + 7 + 8 = 53 = 5 + 3 = 8

Christof

3 + 8 + 9 + 9 + 1 + 2 + 6 + 6 = 44 = 4 x 11
(oder, falls man diese Meisterzahl weiter auf eine einstellige Quersumme reduzieren will, 4 + 4 = 8)

Christophe

3 + 8 + 9 + 9 + 1 + 2 + 6 + 7 + 8 + 5 = 58 = 5 + 8 = 13 = 1 + 3 = 4

Die Zahl 4 steckt auf geheimnisvolle Weise in allen drei Schreibweisen. Der Name Christof mit »f« enthält jedoch auch die Meisterzahl 11 und das gleich 4 Mal, und dürfte deshalb mehr »Energie« in sich tragen.

Wenn eine polnische Ewa nach Österreich oder Deutschland oder in die Schweiz kommt und die dort übliche Schreibweise übernimmt, verändert sie ihre Schwingung der Ewa mit der 11 zur Eva mit der 10. Eine ähnliche Überlegung gilt, wenn man statt des im Pass oder auf der Geburtsurkunde eingetragenen Vornamens einen eigenen, etwas andere Vornamen oder eine Koseform wählt. Und auch bei Menschen, die einen spirituellen Namen annehmen, in Klöstern, Meditationsgruppen oder auch einfach so, ist dieses Thema präsent. Daran gibt es selbstverständlich nichts zu kritisieren – man sollte sich nur klar sein, dass sich damit auch Energien und Schwingungen ändern.

Namenszusätze

Hier einige Beispiele für die Quersummen von Namenszusätzen. Man wertet die üblichen Abkürzungen so, wie sie zum Beispiel auf einer Visitenkarte erscheinen – es sei denn, dass der Träger/die Trägerin den Titel ausschreibt. Die Punkte nach Abkürzungen werden nicht berücksichtigt:

Dr. 4 + 9 = 13 = 1 + 3 = 4

Dipl.-Ing. 4 + 9 + 7 + 3 + 9 + 5 + 7 = 44 (oder 4 + 4 = 8)

Dipl.-Kfm. 4 + 9 + 7 + 3 + 2 + 6 + 4 = 35 = 3 + 5 = 8

e. h. (ehrenhalber) 5 + 8 = 13 = 1 + 3 = 4

Prof. 7 + 9 + 6 + 6 = 28 = 2 + 8 = 10

Mag. 4 + 1 + 7 = 12 = 1 + 2 = 3

M. A. 4 + 1 = 5

a. D. (außer Dienst) 1 + 4 = 5

i. R. (im Ruhestand) 9 + 9 = 18 = 1 + 8 = 9

Die Zahl 4 (Aufbau, Struktur, Erfolg in der Welt) steckt in den ersten vier dieser Namenszusätze, die eine erreichte Leistung bzw. Anerkennung in einem Titel ausdrücken. Der Zusatz Prof. signalisiert eine höhere Energie, die Zahl 10, die Durchbruch symbolisiert. Die 9 des Ruhestands zeigt, dass sich etwas vollendet hat.

4

Was die Zahlen bedeuten

Eine Annäherung in mehreren Stufen

Hier lesen Sie in einer Übersicht, wofür die Zahlen stehen. Eine solche Aufstellung kann nie vollständig sein. Sie wird Ihnen jedoch helfen, ein Gespür für das Spektrum an Deutungsmöglichkeiten von Zahlen zu entwickeln. Ich werde an verschiedenen Stellen in diesem Buch immer wieder neue und etwas andere Deutungsvorschläge machen, vor allem zu den Zahlen von 1 bis 9 (numerologische Grundlagen) bzw. von 1 bis 12 (Astrologie) und von 1 bis 21 (Tarot). Mir scheint das sinnvoller zu sein, als alles zur 1 auf einer Seite zu versammeln, dann alles zur 2 und so fort. Denn dann wäre man davon doch etwas überfordert. Es scheint mir sinnvoller zu sein, wenn nach und nach das Verständnis für die numerologische Bedeutung von Zahlen entwickelt wird.

1 steht für Einheit.

Sie enthält alle Kräfte und ist die Ursache allen Seins. Neubeginn, Aufbruch, Primärenergie, Individuation, Unabhängigkeit, (Führungs-)Wille, Erfolg, Originalität, Yang, das männliche Prinzip, der Pionier; originell, unabhängig, dominant. Die Zahl des Urgrundes. Kraftvoll, erfinderisch, mutig, visionär, ehrgeizig.
Negativ: egoistisch, autoritär, ungeduldig, eigensinnig, ängstlich.

Die 2 steht für die Dualität.

Das Endliche begegnet dem Unendlichen als Voraussetzung der Schöpfung. Begegnung, Beziehung, Zusammenarbeit, Konfrontation, Yin, das weibliche Prinzip, das Paar oder Duett; anpassungsfähig, vorsichtig, verständnisvoll. Polarität oder Entzweiung. Sensibel, sanft, rücksichtsvoll, überzeugend, charmant.
Negativ: scheu, kritisch, launisch, irreführend, kleinlich.

»Eins und Eins ist 3!«

Die 3 symbolisiert das Dritte, das aus der Begegnung von zweien entsteht, das Tao der neuen Ganzheit, in dem die Polarität von 1 und 2 auf einer neuen Ebene »aufgehoben« wird. (Selbst-)

Ausdruck, Lebensfreude, schöpferischer Aufbau, Manifestation, konstruktive Kreativität; expansiv, kommunikativ, kreativ. Umfassende Synthese. Gewissenhaft, beliebt, umgänglich, fröhlich, aktiv.
Negativ: stolz, verschwenderisch, oberflächlich, angeberisch, intrigant.

Die 4 steht für die irdische Form.

Irdische Formen geben Schutz und sind doch sterblich. Formgebung, Sicherung, Kraft, Begrenzung, Ordnung, Dienst, Stabilität, System, Gesetz, Form, Arbeit, Disziplin. Die materielle Ordnungszahl. Praktisch, solide, organisiert, pünktlich, nützlich.
Negativ: langsam, langweilig, engstirnig, gleichgültig, nachtragend.

Die 5 symbolisiert Äther, das fünfte Element.

Die 5 steht für den Willen des Menschen, der frei und fehlbar dabei ist, Sinn und Gott zu suchen oder nicht. Konstruktive Freiheit, freie Willensentscheidung, Vermittlung, Orientierung, Veränderung, Abenteuer, Vielseitigkeit, schöpferische Aktivität, Fortentwicklung. Die Zahl des Lebendigen.

Problemlösungsorientiert, wissbegierig, reiselustig, anpassungsfähig, freiheitsliebend.
Negativ: nervös, oberflächlich, »clever«, unruhig, verschwenderisch.

Die 6 steht für natürliche Harmonie.

Die 6 weist den Weg zu irdischem Glück. Harmonie, Liebe, Lebensfreude, Sensibilität, Gleichgewicht, Ästhetik, Kunstsinn, Erotik, Gerechtigkeit, freudiger Eifer, Verantwortung; offen, sozial, fröhlich. Die vollkommene Weltzahl. Charismatisch, künstlerisch, liebevoll, verantwortungsbewusst, mitfühlend.
Negativ: stur, zweiflerisch, dogmatisch, sorglos, rücksichtslos.

Die 7 ist die Zahl der spirituellen Suche.

Die 7 zeigt an, dass das Leben in letzter Konsequenz nicht »errechnet« und »verstanden« werden kann. Umbruch, »Zwang« zur Veränderung, Analyse, Verständnis, Heilung, Schicksal, Mystik; suchend, introvertiert, philosophisch. Die Säulen der Weisheit. Analytisch, intuitiv, unabhängig, wahrheitssuchend, still.
Negativ: überkritisch, irritierbar, (selbst-)zweiflerisch, entrückt, zynisch.

Die 8 ist Symbol der Ewigkeit.

Der ewige Strom von Schöpfung und Leben, von Geburt und Vergehen. Überfluss, lebendiger Energiestrom, Fülle, materielle Befriedigung, Erfüllung; urteilsfähig, ausgeglichen, lebendig. Die glückhafte 8. Entschlossen, vertrauensvoll, beständig, loyal, energisch.
Negativ: geizig, rachsüchtig, missverstanden, morbide, zerstörerisch.

In der 9 ist die 3 dreimal enthalten.

Die 9 versinnbildlicht die Erhebung über die drei Ebenen von Körper, Gefühl und Verstand in die reine Seelenebene. Abschluss, Vollendung, Selbstlosigkeit, Mitgefühl, Ablösung, Meditation, Medialität, Intuition, Geduld, Toleranz, Liebe. Die potenzierte heilige 3. Menschlich, mutig, selbstbewusst, dynamisch, begeisterungsfähig.
Negativ: träumerisch, impulsiv, ziellos, engstirnig, aggressiv.

Die 10 bedeutet Reinigung und Erlösung.

Der 7 des Schicksals wird die Drei(einigkeit) der Schöpfung hinzugefügt. Durchbruch, Entwicklung auf einer höheren Ebene, Erfolg, Selbstbestim-

mung, Reife der Persönlichkeit oder der Pläne. Das abgerundete Ganze. Erfolgsbewusst, zielgerichtet, im Bewusstsein einer höheren Kraft lebend und handelnd.
Negativ: unsozial, egozentrisch, verständnislos.

Die 11 ist eine Meisterzahl, die doppelte Eins.

Begegnung mit einer höheren Ebene, Idealismus, Erleuchtung. Die stumme Zahl. Inspiriert, veränderungsbereit und -fähig, visionär.
Negativ: überheblich, Selbstverblendung, falsche Motivationen (Macht, Magie etc.)

Die 12 ist die Zahl der Vervollkommnung durch Wandlung.

Ablösung von altem Karma, Erfüllung der Lebensaufgabe. Der geschlossene Kreis. Bewusste Mitarbeit am schöpferischen Plan, hilfsbereit, kreativ.
Negativ: Selbstzufriedenheit, Selbstgerechtigkeit.

13 ist die Zahl, die angibt, wie viele »siderische« Mondumläufe es im Jahr gibt.

Ein solcher Umlauf umfasst 27 3/4 Tage und betrifft nicht die sichtbare Neumond-Vollmond-Phase, sondern die Rückkehr an denselben Ort im Tierkreis.

14 ist die Zahl der Nothelfer und die Marienzahl.

Nur ein Wort zur »Zahl« 0:

Im Tarot steht sie auf der Karte des Narren, der als unbewusster Mensch noch nichts vom Leben weiß, sich als bewusster Mensch aber vom (irdischen) Leben in der Scheinwelt von Körper und Gemüt, äußerlichem Besitzstreben und Machtansprüchen und dergleichen mehr gelöst hat.

In der Numerologie fällt die Ziffer 0 bei der Quersummenbildung weg. Manche deuten jedoch eine 20 nicht nur als 2, sondern meinen, dass die 2 der 20 noch eine weitere bzw. höhere, nämlich innere Dimension enthalte.

Die Zahlen von 1 bis 9 in einer anderen Sichtweise und Deutung

Diese zusätzliche Übersicht zu den neun Grundzahlen geht auf Johannes Vehlow zurück, den bereits erwähnten Metaphysiker, Astrologen und Numerologen, und auf sein Buch »Astrologie«, Bd. VIII. Er hatte die positive und die negative Interpretation unter den Begriffen »höhere Oktave« und »niedere Oktave« aufgeführt.

1 Das Ich, das Ego

Bewusst lebender Mensch: Autorität, Herrschaft, Würde, Macht, Repräsentation, Mut, Tapferkeit, Freiheitsliebe, Edelmut, Gönnerschaft, Protektion
Unbewusst lebender Mensch: Stolz, Eitelkeit, Hochmut, Genusssucht, Verschwendung, Tyrannei, Renommiersucht, Trägheit, Missgunst, Hartnäckigkeit.

2 Das Du, die Umwelt

Bewusst lebender Mensch: Anpassung, Anlehnung, Hingabe, Fruchtbarkeit, Zuneigung, Sympathie, Weichheit, Anmut, Mütterlichkeit, Häuslichkeit, Sensibilität, Fantasie, Veränderlichkeit, Reiseliebe, Menschenliebe, Freundlichkeit.
Unbewusst lebender Mensch: Wankelmut, Haltlo-

sigkeit, Engherzigkeit, Prüderie, Launenhaftigkeit, Unselbständigkeit, Nachlässigkeit, Vergnügungssucht, Sinnlichkeit, Furchtsamkeit, Eitelkeit, Verzagtheit, Schwärmerei, Klatschsucht, Mangel an Selbstvertrauen, Asozialität.

3 Manifestation, Entwicklung, Ordnung

Bewusst lebender Mensch: Edelmut, Gerechtigkeit, Hochherzigkeit, Wohlwollen, Menschenfreundlichkeit, Friedfertigkeit, Weisheit, Großmut, Idealismus, Philosophie, Gewissenhaftigkeit, Pflichttreue, Takt, Geduld, Stetigkeit, Diplomatie, Überlegung, Ethik, Streben nach Wissen.
Unbewusst lebender Mensch: Ungerechtigkeit, Fanatismus, Übertreibung, Gefallsucht, Anmaßung, Scheinheiligkeit oder Atheismus, Selbstsucht, Egoismus, Raffgier, Pessimismus, Unzufriedenheit, Neid, Unreellität, Starrköpfigkeit.

4 Ausdehnung, Ausbreitung, Expansion

Bewusst lebender Mensch: Begeisterung, Originalität, Problematik, Unternehmungslust, Fleiß, Spekulation, Verbesserung, Vermehrung, Strebertum, Weitsicht, Organisation, Geschäftssinn, Fortschritt, Autorität, Vorsorge, Ökonomie, Geldliebe, Verantwortung, Pflichterfüllung.
Unbewusst lebender Mensch: Besitzgier, Hast, Unruhe, Ausbeutung, Skrupellosigkeit, Gereiztheit,

Disharmonie, Unzufriedenheit, Blasiertheit, Übervorteilung, Misswirtschaft, Trägheit, Völlerei, Übertreibung, Übellaunigkeit, Unlustgefühle.

5 Intellekt, Geistigkeit, Regsamkeit

Bewusst lebender Mensch: Streben nach Macht, Aufklärung, Vernunft und Logik, Urteilskraft, Wissensdurst, Selbstvertrauen, Begeisterung, Hoffnungsfreudigkeit, Entschlossenheit, Standhaftigkeit, Umsicht, Tiefgründigkeit, Zielstrebigkeit, Beredsamkeit, Mitteilsamkeit, Erfindergabe, Konstruktions- und Zeichentalent, Technik, Gesetzmäßigkeit.

Unbewusst lebender Mensch: Ruhelosigkeit, Sprunghaftigkeit, Ehrgeiz, Ungeduld, Eigenwilligkeit, Nachlässigkeit, Gleichgültigkeit, Scheinheiligkeit, scharfe Zunge, Raffinesse, Übervorteilung, Egoismus, Unwahrhaftigkeit, Einbildung, Respekt- und Taktlosigkeit, Überheblichkeit, Hochmut.

6 Liebe, Weisheit, Kunst, schöpferischer Wille

Bewusst lebender Mensch: Heiterkeit, Fröhlichkeit, Anmut, Harmonie, Optimismus, Ästhetik, Edelmut, Hochherzigkeit, Großmut, Glaube, Friedfertigkeit, Warmherzigkeit, Offenheit, Gerechtigkeit.

Unbewusst lebender Mensch: Gefallsucht, Verschwendung, Leichtfertigkeit, Vergnügungssucht, Unmäßigkeit, lockere Moral, Sinnlichkeit, Eifersucht, Wollust, Verführung.

7 Fruchtbarkeit, Mystik, Besinnlichkeit

Bewusst lebender Mensch: Gefälligkeit, Anpassung, Anlehnung, Feinfühligkeit, Medialität, Keuschheit, Ethik, Zärtlichkeit, Rührigkeit, Begeisterung, Reiselust, Philosophie, Talent, Religiosität, Liebe.

Unbewusst lebender Mensch: Zank und Streit, Triebhaftigkeit, Sinnlichkeit, List, Launenhaftigkeit, Eigensinn, Verleumdung, Händelsucht, Begehrlichkeit, Perversion, Inkonsequenz, Prüderie, Lauheit, Furchtsamkeit, Falschheit, Lasterhaftigkeit, Betrug, Täuschung, Verträumtheit.

8 Tiefgründigkeit, Verantwortung,

Bewusst lebender Mensch: Takt, Ausdauer, Gewissenhaftigkeit, Ernst, Strebsamkeit, Vorsicht, Erinnerungsfähigkeit, Wissen, Weitsicht, Streben nach Vollkommenheit, alles bis zu Ende führen, Repräsentation, Reserve.

Unbewusst lebender Mensch: Pessimismus, Selbstquälerei, Melancholie, Lebensüberdruss, Mutlosigkeit, Vereinsamung, Misstrauen, Nervenschwäche, Arbeitsunlust, Unbeholfenheit, Verschlossenheit, Wortkargheit, Zerstreutheit, Egoismus, Geiz.

9 Aktivität, Gegensätzlichkeit, Abschleifung, Ergänzung, Vereinigung

Bewusst lebender Mensch: Drang nach Aufstieg, Entfaltung, Verwirklichung, Fortschritt, ideenreicher Ausbau, forcierte Entwicklung, Begeisterung, Zielsetzung, Ansporn, Umsichtigkeit, Strebsamkeit, schneller Abschluss begonnener Arbeiten, ohne Umschweife, fruchtbare Planungen, Durchsetzung, Einsatzbereitschaft, Ehrgeiz, Aufopferung, reiche Fantasie, starke Zuneigung zum anderen Geschlecht, Mütterlichkeit, Umhegung.
Unbewusst lebender Mensch: Mangel an Beständigkeit und Ausdauer, Ungeduld, Übereilung, Heftigkeit, Zerstörung, Wankelmut, Unsicherheit, häufiges Abschweifen vom Ziel, Zersetzung, Aufwiegelung, Streit, Affekte, Untreue, Leidenschaftlichkeit, Unduldsamkeit, Herrschsucht, Überheblichkeit, Gereiztheit, Unbeherrschtheit.

5

Ein ausführliches Beispiel für Charakter und Schicksal in der Numerologie

So können Sie sich und andere besser verstehen

Anhand eines ausführlicher kommentierten Beispiels können Sie nun die Schritte zur praktischen Deutung kennenlernen. Nehmen wir an: Corinna Herzog ist am 2. Oktober 1958 in Köln geboren. Sie ist verheiratet mit Jens Adler, nennt sich nun Corinna Herzog-Adler; beide wohnen in Traunstein. Errechnen wir zunächst einmal alle wichtigen Quersummen.

Geburtsdatum

2. 10. 1958

= 2 + 1 + 0 + 1 + 9 + 5 + 8 = 26 = 2 + 6 =

Geburtstagszahl 8

Die Zahl 8 weist auf Corinnas Persönlichkeitskern und ihre Lebensaufgabe hin. Die Tageszahl ist die 2, die kombinierte Tages- und Monatszahl die 3.

Geburtsort

K o e l n

2 + 6 + 5 + 3 + 5 = 21 = 2 + 1 =

Geburtsortszahl 3

Die Zahl 3 zeigt die Umweltschwingung, in der sie aufgewachsen ist.

Vorname

C o r i n n a

3 + 6 + 9 + 9 + 5 + 5 + 1 = 38 =

Vornamenszahl 11 (oder 1 + 1 = 2)

Die Zahl 11 bezeichnet Corinnas persönliche Ausrichtung im Leben, der sie folgt.

Nachname

H e r z o g

8 + 5 + 9 + 8 + 6 + 7 = 43 = 4 + 3 =

Nachnamenszahl 7

Die Zahl 7 steht für Corinnas Familienerbe und die Traditionen, die für sie maßgeblich waren.

Gesamtnamenszahl Corinna Herzog

38 + 43 = 81 = 8 + 1 = 9

Die Zahl 9 gilt als Corinnas Ausdruckszahl, das heißt, als die Summe ihrer persönlichen Ausrichtung und ihres Familienerbes.

Vokale im Namen
Corinna Herzog
6 + 9 + 1 + 5 + 6 = 27 = 2 + 7 =
Vokalzahl 9

Die Zahl 9 weist auf Corinnas innerste Motivation, auf ihren Antrieb im Leben hin.

Konsonanten im Namen
Corinna Herzog
3 + 9 + 5 + 5 + 8 + 9 + 8 + 7 = 54 = 5 + 4 =
Konsonantenzahl 9

Die Zahl 9 symbolisiert, wie Corinna auf Menschen zunächst wirkt, also den ersten Eindruck, den sie macht.

J e n s, ihr Mann
1 + 5 + 5 + 1 = 12 = 1 + 2 =
Vornamenszahl 3

Die Vornamenszahl 3 ihres Partners vergleicht man mit Corinnas eigener Vornamenszahl 11.

A d l e r, der Nachname des Mannes
1 + 4 + 3 + 5 + 9 =
Nachnamenszahl 22 (oder 2 + 2 = 4)

Die Gesamtnamenszahl von Jens Adler ist dann 3 + 4 = 7 oder 22 + 3 = 25 = 2 + 5 = 7.

Gesamtnamenszahl Corinna Herzog-Adler
38 + 43 + 22 = 103 = 1 + 0 + 3 = 4

Der jetzige Name, den Corinna gewählt hat, steht

für ihren bewusst veränderten, selbst gewählten bzw. »karmisch« sich ergebenden Ausdruck. (Wenn sie sich für die Namensform Corinna Adler entschieden hätte, ergäbe sich keine 4, sondern eine 6.)

Jetziger Wohnort

T r a u n s t e i n

2 + 9 + 1 + 3 + 5 + 1 + 2 + 5 + 9 + 5 = 42 = 4 + 2
= Wohnortszahl 6

Den Wohnort haben beide gemeinsam gewählt; bewusst oder unbewusst haben sie das »Energiefeld« gewählt, das der Zahl 6 entspricht.

Nun haben wir die numerologisch wichtigsten Zahlen ermittelt und können eine Deutung versuchen. Sie soll hier nur beispielhaft skizziert werden.

Corinna Herzog-Adler, 2.10.1958

Persönlichkeit und Lebensaufgabe (Geburtsdatum): 8
Umweltschwingung bei Geburt (Geburtsort): 3
Persönliche Ausrichtung (Vorname): 11
Familienerbe (Nachname): 7
Gesamtausdruck (ganzer Geburtsname): 9
Motivation (Vokale Geburtsname): 9
Erster Eindruck auf andere (Konsonanten Geburtsname): 9
Jetziger Gesamtausdruck (neuer ganzer Name): 4
Jetzige Umweltschwingung (Wohnort heute): 6
Partnervergleich (Corinna – Jens): 11 – 3

Corinnas Persönlichkeit wird von einer aktiven, fließenden Energie bestimmt, die darauf drängt, sich frei zu entfalten. Ihre irdische Lebensaufgabe besteht darin, bewusste Erfüllung im Austausch mit anderen Menschen zu finden. Sie hat manchmal vielleicht eine Neigung zur Bequemlichkeit, wenn es mal »nicht so läuft«, und sollte sich deshalb selbst genug fordern und fördern.

Sie wurde an einem Ort geboren, der ein gutes Energiefeld zum aktiven und kreativen Aufbau bietet, an dem Neues entstehen kann und genügend Hilfen vorhanden sind, um Stabilität und Entwicklung zugleich zu verfolgen.

Ihre persönliche Neigung ist auf höhere Ideale, Mystik und Inspiration aus übersinnlichen Bereichen hin orientiert. Sie sollte sich dabei nicht durch das Charisma eines Menschen oder eine Idee dazu verführen lassen, einen subjektiv spürbaren Zauber für die ganze Wirklichkeit zu halten, sondern wach und kritisch bleiben.

Ihre Familie sieht ihre idealistischen Gefühle eher skeptisch; Corinna wird von einer Tradition bestimmt, die Werte sehr ernst nimmt, aber prüfend und manchmal für sie vielleicht etwas zu verhalten bleibt. Zumindest kann die Familie eine gute Balance bieten, wenn sich beide Seiten nicht in Ego-Standpunkten und Trotz- bzw. Machtverhalten blockieren.

Der bisherige Gesamtausdruck (sowie die Motivations- und die Eindruckszahl – dreimal eine 9!) weist jedoch darauf hin, dass es insgesamt zu einer guten Integration der Persönlichkeitskräfte und der Ideale kommen kann. Corinna ist aktiv, wirkt begeisternd auf andere, ist menschlich einfühlsam und mitfühlend und kann so lernen, ihre Ideale auch im Alltag immer mehr zu verwirklichen.

Der durch ihre Heirat gewählte neue Gesamtausdruck (eine 4) wird davon bestimmt, »Nägel mit Köpfen« zu machen, ein festes Fundament für ihre Selbstverwirklichung zu schaffen und etwas im Leben »zu leisten«. Corinna wird mit den Jahren jedoch aufpassen müssen, dass sie nicht in der neuen Sicherheit ihre höheren Lebensziele aus den Augen verliert.

Der jetzige Wohnort bringt noch eine Verfeinerung und dabei Entspannung der Umweltenergie ihres Geburtsorts. Hier wird sie das Leben leichter genießen können, ohne nur um Aufbau bemüht zu sein, sie kann künstlerischen Interessen besser nachgehen und sich mehr an der Natur erfreuen.

Im Partnervergleich haben wir es mit der 11 (oder 2) von Corinna und der 3 von Jens zu tun, wenn wir die Vornamenszahlen aufeinander beziehen. 11 und 3 sind Zahlen, die numerologisch keinen schnellen Rückschluss auf natürliche Harmonie erlauben. Corinna wird eher Begegnung, Empfindung und Auseinandersetzung suchen, während es Jens mehr auf konstruktive Gemeinsamkeit, gemeinschaftliche Arbeit oder zumindest gemeinsame Hobbies, bei denen etwas »getan« wird, ankommt. Man wird auch noch die Schwingung der kombinierten Tages- und Monatszahl der beiden Geburtstage vergleichen müssen, um weitere Aufschlüsse zu erhalten.

Das Jahr 2014 hat für Corinna die persönliche Qualität einer 10 oder 1 (dazu wird ihr Geburtstag im Jahre 2014 verwendet, also: 2. 10. 2014 = 2 + 1 + 0 + 2 + 0 +1 +4 = 10 bzw. 1+0 = 1.

2014 wird ihr einen echten Durchbruch bringen, und zwar – je nach Interesse und Bewusstheit – entweder auf dem Gebiet der Selbstfindung und Selbstverwirklichung im spirituellen Sinn oder in der Selbstwertbestätigung im Beruf und/oder in der Partnerschaft, wo sie zuversichtlich und kraftvoll an neue, größere Aufgaben herangeht und Chancen nutzen kann, die sich jetzt bieten.

Das Jahr 2015 bringt für Corinna die Energie der 11 bzw. 2; und so fort. 2015 trägt als universales Jahr die Schwingung der 8, also die Möglichkeit, Lebensenergien wieder in Schwung zu bringen. Für Corinna geht es darum, mit Einfühlsamkeit in diesem Lebensfluss offen für neue Begegnungen zu sein und zu spüren, inwieweit sie sich darauf einlassen will und soll, oder ob sie sich abgrenzen muss.

Zur Erinnerung: Der Tag ihrer Geburt war eine 2, die Begegnung; die kombinierte Zahl von Tag und Monat eine 3, also das, was aus der Begegnung zweier Kräfte an Neuem entstehen kann. Dieses Geburtsthema entfaltet sich nun im Umfeld einer 8.

Kommen wir jetzt zu anderen Beispielen der Deutung von Zahlen im Alltag.

6

Zahlen, Zyklen und Ziele

Persönliche Zeitplanung, Zahlen und Wohnorte, Zahlen und Namen, Ziele und Talente

Zahlen symbolisieren Kräfte. Wir messen Zeit in Ziffern und Zahlen, nach Stunden, Tagen, Wochen, Monaten und Jahren. Jeder Tag, jedes Datum besitzt eine ganz eigene Zeit-Qualität. Die Stichworte weiter unten gelten sowohl für einzelne Tage wie für Wochen- und Monatsdaten sowie für ganze Jahre.

Sehen wir uns ein Beispieldatum an, den 31.12.2017:
Die Tagesqualität ist eine 4 (3 + 1 = 4).

- Die Monatsqualität ist eine 3 (1 + 2 = 3).
- Die Jahresqualität ist eine 10 oder 1 (2 + 0 + 1 +7 = 10 bzw. 1 + 0 = 1).
- Die Qualität des gesamten Datums ist eine 8 (4 + 3 + 10 = 17 = 1 + 7 = 8).
- Der 31. (eines jeden Monats) bringt den Wunsch nach Absicherung und festen Strukturen, viel-

leicht auch unbewusst die Neigung, sich mehr festzulegen oder zu schützen, als einem zur lebendigen Entwicklung letztlich dienlich ist.

- Die Monatszahl 3 (die für alle Dezember und jeden März gilt) weist auf eine schöpferisch aktive Energie hin.
- Die kombinierte Zahl des Tages und des Monats (die wiederum für alle Silvestertage aller Jahre gilt) ergibt eine 7 (4 + 3). Damit zeigt der letzte Tag eines Jahres symbolisch die unabänderliche Kraft des Schicksals an sowie, dass jede Bemühung und eine Änderung der Umstände jetzt fruchtlos bleiben müsste (weil zu spät), gleichzeitig aber die Chance besteht, durch eine Innenkehr neue geistige Einsichten und Transformation zu erfahren.

Erlauben wir uns einen Rückblick auf das angeblich so ominöse Datum des 31.12.1999. Dieses Datum enthält nämlich ganz genau dieselben numerologischen Werte wie unser 31.12.2017.

- Das Jahr 1999 hatte die Quersumme 10 bzw. 1. In diesem letzten Jahr des 2. Jahrtausends (nach unserer Zeitrechnung) bestand also die große Chance für einen echten Durchbruch für die gesamtgesellschaftliche Situation (weil sich das Jahr ja auf die ganze Erde bezieht). Anders, als es uns manche übereifrigen Nostradamus-Jünger also weismachen wollten, war 1999 bekanntlich ein Jahr der neuen Möglichkeiten, kein Jahr des (Welt-)Untergangs!

Das Jahr 2000 forderte dann vor allem zur Begegnung auf, zur Begegnung zwischen Menschen, Völkern, Rassen, Kulturen und Religionen. Das führte zwar auch zu unvermeidlichen Auseinandersetzungen; die positive Herausforderung für die gesamte folgende bzw. kommende Zeit war jedoch mit der Zahl 2 gesetzt: Erkennen und Akzeptieren von Unterschieden, Überwindung von Polaritäten und Gegensätzen, Vereinigung von Dualitäten! Und diese Grundstimmung oder Essenz der Zahl 2 für das neue Jahrtausend ist auch jetzt weiterhin gültig, wie wir selbst leicht feststellen können.

- Die Gesamtzahl des Datums 31.12.1999, also unter Hinzunahme der Jahreszahl, führt ja zur Quersumme 8, wie wir gesehen haben. Das war vor allem eine Einladung, sich auf das ewige Wechselspiel der Kräfte einzulassen und die fließenden Energien des Lebens sinnvoll zu nutzen.

Beachten Sie bitte, dass grundsätzlich eine Tages-Qualität natürlich nicht so bestimmend wirkt wie eine Jahresqualität.

Wenn Sie **neue Abmachungen** treffen, entscheidende Verträge schließen, eine große Anschaffung tätigen oder sonst ein wichtiges Projekt beginnen wollen – zum Beispiel einen Auto- oder Hauskauf, einen Wohnort- oder Firmenwechsel –, ist ein Gesamtdatum (Tag, Monat und Jahr) günstig, das eine 1 oder eine 10 als Quersumme birgt.

Für **kleinere Vorhaben,** die keine Art von »Einmaligkeitscharakter« tragen, sondern häufiger wiederkehrende Anlässe sind – zum Beispiel ein Verwandtenbesuch, eine Kurzreise, eine öfter vorkommende Anschaffung –, dann eignet sich das kombinierte Tages- und Monatsdatum zur Ermittlung eines günstigen Tages.

Hier Stichworte zu den Zeit-Qualitäten der Zahlen, die sich aus der Quersumme von Daten ergeben.

Zeit-Qualitäten

1: **Aufbruch;** eine gute Zeit zum Beginn neuer Projekte.
2: **Begegnung;** eine gute Zeit für den Austausch.
3: **Kreativität;** eine gute Zeit, um Neues schöpferisch zu gestalten.
4: **Festigung;** eine gute Zeit, um Fundamente zu bauen, Vorhaben abzusichern.
5: **Entscheidungsfreiheit;** eine gute Zeit, um aus freien Stücken Pläne zu schmieden und Entscheidungen ungezwungen treffen zu können.
6: **Harmonie:** eine gute Zeit, um Urlaub zu machen, zu reisen, zu feiern, zu genießen – und zu heiraten!

7: **Mystik;** eine gute Zeit, um nach innen zu gehen.

8: **Alles fließt;** eine gute Zeit, um sich auf die Energie des Lebens einzulassen und daraus zu leben und zu wirken.

9: **Vollendung;** eine gute Zeit, um Dinge zum Abschluss zu bringen.

Die Zahlen von 1 bis 12 in Bezug auf Hausnummern

1 Günstig für Menschen, die Neues anfangen möchten, die sich als Pioniere sehen, die aus eigener Kraft etwas leisten wollen.

2 Hier lässt sich auf interessante Begegnungen hoffen, auf Impulse zur bewussten Auseinandersetzung über Themen, Menschen und Projekte.

3 Solche Orte machen es leichter, schöpferische Kräfte aktiv und kreativ einzusetzen und etwas zu schaffen, was breiten Anklang findet.

4 Hier können Sie sich am ehesten darauf verlassen, dass sie in eine Ordnung finden, die Ihnen Sicherheit und Festigkeit verleiht.

5 Drehscheiben der Kommunikation, der Vielseitigkeit von Informationen und Meinungen, der Bereicherung (oder Zerstreuung) durch wechselnde Strömungen.

6 Potenziell sind dies Orte zum Wohlfühlen, zum Ausspannen, zum Genießen. Aber auch Kunst und Kultur finden hier gute Möglichkeiten der Entfaltung.

7 Hier wird man nicht umhin können, in die Tiefe zu gehen, die eigenen analytischen Fähigkeiten anzuwenden und Lebensqualität vor allem im Inneren, bei der Seele zu suchen.

8 Einladend wirkt die Leichtigkeit, mit der Energien an diesen Orten fließen. Dabei sollte man darauf achten, dass man nicht den Blick für das Wesentliche verliert, auch wenn man dafür gegen den Strom schwimmen müsste.

9 Ein günstiger Ort, um Zyklen oder Vorhaben abzuschließen, um etwas zu vollenden oder zu meditieren.

10 Hier kann am ehesten ein entscheidender Durchbruch gelingen – zu Anerkennung oder Selbstverwirklichung, auf der materiellen oder auf der geistigen Ebene.

11 Zwiespältige Orte, die wie ein Brennglas für die dort ausgelebten Energien wirken – im Guten wie als ständig neue Herausforderung.

12 In sich »rund« und harmonisch, jedoch auch mit der Neigung, bequem zu werden. Dann gibt es Weckrufe, alles ganz neu zu betrachten.

13 Neben dem Zahlenwert Ihrer Hausnummer kann auch der Zahlenwert ihres

Wohnortes für Sie von Bedeutung sein – entweder rein symbolisch, aus Freude an Zahlenspielerei oder aufgrund einer subjektiv wirksamen psychischen Energie, die Zahlen in Ihrem Leben besitzen.

Zahlen und Wohnorte

Spielt es eine Rolle, ob Sie in Berlin oder in Bonn leben, im Land Hessen oder in Bayern? Wie man Buchstaben in Zahlen umwandelt – siehe Seite 69–70.

Berlin, das ist eine 33, **Bonn** eine 9. Die problematische Meisterzahl 33, bestehend aus 3x11, bringt zwar einerseits die Freisetzung enormer schöpferischer Kräfte, andererseits aber auch die meist nicht bestandene Herausforderung, mit solchen Kräften umzugehen (denken Sie an die Bedeutung Berlins als Hauptstadt zuerst für das preußische, dann das deutsche und schließlich das »großdeutsche« Reich, oder an die internationalen Auseinandersetzungen um die geteilte Stadt zwischen 1945 und 1989). Bonn wäre »einfacher« geblieben, weil hier Abschluss und Vollendung stattfinden, die Beendigung einer Epoche. Dass dieser Abschluss für viele Menschen (meist aus finanziellen Gründen, Immobilienwerte etc.) auch schmerzlich war, darf auch erwähnt werden.

Für die Schweizer und Österreicher unter Ihnen ein paar Worte zu Bern und Wien: **Wien** ist eine 24, also eine 6. Im Tarot sind das die Liebenden. Wer denkt da nicht an den Wiener Walzer, an die »schöne blaue Donau«, die Tritsch-Tratsch-Polka, an die

Wiener Kaffeehauskultur, das »Multikulti-Leben« der Habsburger Herrschaft über Jahrhunderte, an die fröhliche Operettenkultur der herzlichen alpinen Operettenrepublik? An ein Wien, das nach dem Ersten Weltkrieg zwar die Adelsprädikate abschaffte inklusive des einfachen »von« (noch nicht einmal als Namensbestandteil wie in Deutschland sollte es Bestand haben) und dem Wappenadler neben einer zerbrochenen Kette auch Hammer und Sichel in die Klauen drückte, zugleich aber nur so vor anderen Ehrentiteln strotzt – vom Professor zum Kommerzialrat über den Geistlichen Rat und den Hofrat zum Ökonomierat und zum Medizinalrat und so fort. Wien liebt das Leben, das bringt die 6 schön zum Ausdruck!

Bern, die gar nicht so sehr geliebte »Hauptstadt« der *Confoederatio Helvetica,* ist eine 21 bzw. eine 3. Die 21 ist *Die Welt* bzw. *Das All* im Tarot, Abschluss und Höhepunkt, Einheit und Ganzheit. Und das ist Bern sicher auch, denn in Wahrheit ist Bern keine Hauptstadt, sondern lediglich »Bundesstadt«. Bei der Gründung der Schweiz entstand eine Kontroverse, ob das Land überhaupt eine Hauptstadt haben solle. Das endete in einem typisch schweizerischen Kompromiss (und ein echter und guter Kompromiss führt immer auch zu Einheit und Ganzheit), bei dem Bern 1848 als »Bundessitz« von National- und Ständerat sowie Regierung bestimmt wurde.

Nun zu zwei Bundesländern Deutschlands: **Hessen** ergibt eine 7 – das heißt wohl, dass weniger frei gestaltet werden kann und die äußeren »Sachzwänge« (der gesellschaftspolitischen Strukturen, der Wirtschaftsentwicklung und so fort) stärker sind als die Wünsche, kreativ Neues zu entwickeln.

Bayern ergibt eine 11, wieder eine zweischneidige Meisterzahl. Wenn wir an die wechselvolle Geschichte Bayerns denken (das als eigenes Königreich Gegenspieler zum mächtigen Preußen sein sollte, wozu gerade König Ludwig II., der »Märchenkönig«, so gar keine Lust hatte und deshalb aus dem Weg geräumt wurde; Bayern, das nach dem Zweiten Weltkrieg die beispiellose Eingliederung der vertriebenen Sudetendeutschen und den ebenso vorbildlichen Auf- und Umbau vom Agrarland zum modernen Industrieland schaffte; die Bayern, die aber auch politische »Eigenbrötlerei« *par excellence* betreiben – Stichworte sind Franz Josef Strauß und die von ihm geprägte Partei), so liegen auch hier »Meisterliches« und ein Schuss Größenwahn dicht beieinander.

Für die meisten von uns wird es nicht praktikabel sein, sich nach dem numerologischen Wert ein Bundesland oder einen Wohnort auszusuchen. Aber zumindest macht es Ihnen vielleicht Spaß, einmal auszurechnen und nachzulesen, welche Zahlen-Schwingung Ihr Wohnort hat. Dazu wandeln Sie alle Buchstaben in Zahlen um und bilden eine einstellige Quersumme. Bei ausländischen Wohnorten verwenden Sie die dort übliche Schreibweise, also zum Beispiel Roma statt Rom.

Zahlen und Namen

Nomen est omen weiß ein lateinischer Spruch: Name ist Zeichen!

Es gibt mehrere Möglichkeiten, Buchstaben in Zahlen umzusetzen. Die beiden bekanntesten sind, wie anfangs in diesem Buch bereits erwähnt, die kabbalistische Methode, die mit dem hebräischen Alphabet arbeitet, und die westeuropäische. Ich arbeite, wie ebenfalls erwähnt, nur mit der westeuropäischen Methode.

Zur Erinnerung und damit Sie nicht zurückblättern müssen, hier noch einmal die Übersicht, wie Buchstaben in Zahlen umgesetzt werden:

1 = A J S
2 = B K T
3 = C L U
4 = D M V
5 = E N W
6 = F O X
7 = G P Y
8 = H Q Z
9 = I R

In Tabellenform:

1	2	3	4	5	6	7	8	9
A	B	C	D	E	F	G	H	J
J	K	L	M	N	O	P	Q	R
S	T	U	V	W	X	Y	Z	

- Umlaute: ä = a + e; ö = o + e; ü = u + e.
- Großbuchstaben werden genauso umgesetzt wie Kleinbuchstaben.
- Das scharfe ß wird als s + s gerechnet.
- 10 ist wie 1, 20 wie 2 etc. (allerdings werte ich die 0 auch besonders, zum Beispiel 1 als *Auf*bruch und 10 als *Durch*bruch, 2 als Begegnung und 20 als Begegnung auf einer höheren Ebene).

Welcher Name »gilt«?

Die kurze, klare Antwort lautet: **Der Name gilt, den Sie als gültig betrachten.**

Die längere Antwort ist: Das kommt darauf an, was Sie berechnen wollen.

- Bei offiziellen Vertragsangelegenheiten nehmen Sie vielleicht Ihren Namen, wie er im Pass oder wie er in der betreffenden Urkunde steht (einschließlich Titel, aber so, wie sie drinstehen – z. B. Dr. oder Prof. oder M. A. oder Mag. und nicht Doktor, Professor und so fort ...)

- Bei Beziehungsthemen vielleicht nur die Vornamen oder den Rufnamen.
- Bei Berufsdingen den Namen, mit dem Sie in der Arbeit angesprochen werden, bzw. was an Ihrer Tür oder auf dem Namensschild bei Seminaren steht.
- Bei Doppelnamen oder Mädchennamen im Verhältnis zu »angeheirateten« Namen nehmen Sie, was im Alltagsumgang bei Ihnen üblich ist, oder Sie spüren, welcher Name sich für Sie richtig anfühlt.

Es kommt also darauf an, was jeweils stimmig ist. Wenn Ihnen eine solche Differenzierung Stress macht, lassen Sie sie sein und nehmen nur den Namen, der für Sie für die numerologischen Arbeiten richtig erscheint. Letztlich: Sie selbst entscheiden!

Name und Buchstabe

Lassen Sie uns die beiden Begriffe im Hinblick auf ihre Herkunft ansehen. Denn wir messen in der Numerologie Namen ja eine Bedeutung zu, die sich aus dem addierten Zahlenwert der Buchstaben ergibt.

Name: Dies ist eines der urtümlichsten Wörter, das fast gleich oder ähnlich in sehr vielen Sprachen rund um den Globus zu finden ist: *Name, nom, naam, nomen, navn, nombre* und so fort. Der spanische

Nationaldichter und Schriftsteller Miguel Cervantes (1547–1616), Autor des berühmten »Don Quijote«, soll einmal gesagt haben: »Ein guter Name ist mehr wert als Reichtum.«

Das wird sicher einer der Gründe sein, warum bekannte Filmschauspieler und Filmschauspielerinnen sich gern einen anderen Namen zulegen. Einige wenige Beispiele:

- Die Modeschöpferin Coco Chanel kam als Gabrielle Bonheur Chanel zur Welt.
- Lewis Carroll, der Autor von »Alice im Wunderland«, hieß Charles Lutwidge Dodgson
- Die unvergessliche Marilyn Monroe wurde als Norma Jeane Mortenson geboren, jedoch ins kirchliche Taufregister als Norma Jeane Baker eingetragen.
- Der weltbekannte Darsteller Yul Brynner hieß eigentlich Taidje Kahn.
- Bo Dereks ursprünglicher Name war Mary Cathleen Collins.
- Mel Brooks, der hintersinnig-humoristische Schauspieler und Regisseur, heißt bürgerlich Melvin Kaminsky.

Die Liste lässt sich fast endlos fortsetzen.* Aber auch Schriftsteller schreiben nicht immer unter ih-

* Hier finden Sie eine wirklich lange Liste: www:homepages.shu.ac.uk/~acsdry/quizes/pseudonym.htm.

rem eigenen Namen; Kurt Tucholskys Pseudonyme Kaspar Hauser, Peter Panter, Theobald Tiger und Ignaz Wrobel sind Beispiele dafür.

Im »Faust I« lässt Goethe den Faust auf die berühmte Gretchenfrage, »Wie hältst du es mit der Religion« antworten: »Ich habe keinen Namen / Dafür! Gefühl ist alles; / Name ist Schall und Rauch / Umnebelnd Himmelsglut.«

Das spricht aus meiner Sicht für die Berechtigung, unsere üblichen Namen sehr wohl darauf zu untersuchen, welche Bedeutung sie in sich tragen, welche Zeichen sie setzen. Denn bei der Gretchenfrage geht es nicht um begrenzte irdische Dinge, sondern darum, ob man »Gott«, »Glauben«, »Spiritualität« einen festen Namen geben könne. Dass »die« Kirche dazu wenig geeignet scheint, ist heutzutage ja nur zu überdeutlich. Also: Spirit lässt sich nicht berechnen, bemessen, eingrenzen – aber die Zeichenhaftigkeit unserer dinglichen Begriffe durchaus.

Buchstabe: Eine wissenschaftliche Meinung sagt, dass dieser Begriff auf germanische Runenstäbchen zurückgeht, die *boks* genannt wurden. Schriftzeichen, eben die Runen, wurden gern auf Stäbchen aus Buchenholz geritzt. Der Ausdruck »Stab« soll demnach auf den senkrechten Hauptstrich verweisen, den fast alle Runenzeichen haben und der *stafr* bzw. Stab genannt wurde.

Andere Forscher tragen vor, dass der Begriff »Buchstabe« erst aufgekommen sei, als man die lateinischen Schriftzeichen verwendete. Mein altmodisches Herkunftswörterbuch, herausgegeben von Friedrich Kluge, weist darauf hin, dass der Begriff »Buch« für unsere Bücher entstanden sei, weil Schreibtafeln früher aus Buchenholz geschnitten wurden. Ich gestehe, ich weiß nicht, welche Erklärung richtig oder auch nur richtiger wäre.

Um zum Begriff »Name« zurückzukommen und damit diesen kleinen Ausflug zur Herkunft von Wörtern auch abzuschließen: Ein faszinierender Zusammenhang besteht zwischen »Name« und »Wort«. Im indischen Kulturraum gibt es den Begriff *naam,* der sowohl »Name« als auch »Wort« bedeuten kann! Besonders wird dieser Begriff *naam* sowohl im Hinblick auf den Namen Gottes angewandt als auch auf den »heiligen Geist« oder das, was wir heute landläufig Spirit nennen. *Naam* bezeichnet das schöpferische, lebensspendende und lebenserhaltende Prinzip für den Menschen. Das, was darüber hinausgeht, heißt *a-nami,* also »jenseits aller Namen«; *a-kal,* »ohne Zeitlichkeit«; *a-lakh,* »unzählbar«, »unmessbar«; *a-gam,* »(irdisch) unerreichbar« …

Wir finden eine Parallele am Anfang des Johannes-Evangeliums im Neuen Testament, wo es bekanntlich heißt: »Im Anfang war das Wort, und das Wort war bei Gott, und das Wort war Gott.« In diesem Sinne haben der Name und zumindest das schöpferisch wirksame Wort also eine bemerkenswerte Bedeutung: Sie sind Verbindung und Wesen des schöpferischen Lebens zugleich.

Zahlen und Firmennamen

Erinnern Sie sich noch an die Umbenennung der großen Ölgesellschaft von ESSO in EXXON? Die Umbenennung sollte der Internationalisierung dienen, der sanften Distanzierung vom Nur-Ölprodukte-Image der Firma (bei gleichzeitiger Orientierung auf neue Produkte und Märkte), und sollte Mitarbeiter, Kunden und Lieferanten sowie die Massenmedien und damit die Öffentlichkeit auf eine neue *corporate identity* einstellen, auf ein neues Firmen-Image. Schauen wir uns an, welche Zahlengesetze hinter den beiden Namen stehen:

E S S O
5 + 1 + 1 + 6 = 13 = 1 + 3 = 4 =
Festigung, Begrenzung

E X X O N
5 + 6 + 6 + 6 + 5 = 28 = 2 + 8 = 10 =
Aufbruch, Durchbruch

Die erste Quersumme von ESSO ist die »Unglückszahl« 13, die im Tarot für den Tod steht, für jene

Transformation, vor der naturgemäß alle Menschen Angst haben (es sei denn, dass sie zum göttlichen Seelenbewusstsein erwacht sind).

Auch die einstellige Quersumme 4 ist für eine Firma, die als »globaler Multi« in einer Welt ohne Grenzen Erfolg haben will, eher ein Hemmschuh. Vielleicht auch ein energetischer und vermutlich unterbewusster Grund, warum Esso in Exxon umbenannt wurde, was eine 28 = 10 = 1 = Durchbruch auf einer höheren Ebene ergibt.

Die 4 ist eher für Handwerksbetriebe geeignet als für Erdölkonzerne (die sich ja nicht nur nach neuen Märkten, sondern auch nach neuen Produkten umsehen müssen) oder zum Beispiel für Computerfirmen. Handwerksmeister vom alten Schlage – von denen es leider gar nicht mehr genug gibt –, brauchen die Festigung und die Begrenzung, um zuverlässig in bester Qualität zu arbeiten.

Die 10, also die 1 in höherer Oktave, ist ein geradezu genialer Streich des amerikanischen Ölmultis gewesen, gewissermaßen ein Befreiungsschlag, um aus alten, erstarrten Strukturen herauszukommen und eine moderne Strategie zu verfolgen, die auch das wachsende Umweltbewusstsein, die Verknappung der Rohstoffe und die soziale Entwicklung der Gesellschaften in Rechnung stellt.

Ein weiteres Beispiel: Andreas Nahme ist Schreiner, Geschäftsinhaber, Möbeldesigner, Bewusstseinspionier. Er gründet eine Firma, die er ARTEM nennt.

A R T E M
1 + 9 + 2 + 5 + 4 = 21 = 3

Die Zahl 3 verheißt schöpferischen, konstruktiven, produktiven Umgang mit Kräften. Bei einem schweren Autounfall, den er fast unverletzt überlebt, macht er eine sogenannte Nahtoderfahrung. Danach bricht er seelisch und beruflich zu völlig neuen Ufern auf, er wird Initiator für Baumpflanzungen weltweit, plant eine Friedensallee von Berlin über Warschau nach Moskau, berät Firmen bei Umweltprojekten und geht auf eine spirituelle Reise in die Innenwelten. Er ändert seinen Namen von Andreas Nahme zu Andreas Artem.

A N D R E A S
1 + 5 + 4 + 9 + 5 + 1 + 1 = 26 = 2 + 6 = 8

N A H M E
5 + 1 + 8 + 4 + 5 = 23 = 5

Der alte Gesamtname ergibt eine 13 oder 4. Der neue, 8 von Andreas und 3 von Artem, ergibt eine 11, die Meisterzahl. Sie drückt viel besser die neu gewonnene geistige Freiheit aus, die Andreas jetzt lebt, als die alte 13 oder 4, die zwar Festigkeit und Struktur – und materiellen Erfolg! – symbolisierte, aber dabei auch Enge und Beschränkung.

Nun zu Deutungshilfen für die Zahlenwerte der Vor- und Nachnamen.

Zahlenwerte für Vornamen: eine sehr persönliche Zahl

Wenn Sie Ihren Vornamen in Zahlen umwandeln und die Quersumme bilden, verwenden Sie für diese Deutung den Vornamen, den Sie selbst benutzen – auch wenn er in der Schreibweise vielleicht vom Passeintrag abweicht oder wenn Sie nur einen Vornamen verwenden, obwohl zwei oder mehr im Pass eingetragen sind. Wenn Sie zum Beispiel Christina-Maria heißen, sich aber selbst Chris nennen und nennen lassen, verwenden Sie nur den Namen Chris.

Was bedeuten die Zahlen in Bezug auf den Vornamen?

1

Diese Menschen sind stark individualistisch, zielorientiert, voller Pioniergeist und allzeit bereit, »mit dem Kopf durch die Wand« zu gehen. Sie sind gern »Anführer« – oder wollen es gern sein.

2

Hier findet man Menschen, die liebevoll, warmherzig und friedlich sind und gern auf andere Menschen zugehen. Mitunter sind sie jedoch auch recht wechselhaft in ihren Gefühlen.

3

Ausdrucksvolle, fröhliche Menschen, die voller Optimismus »nach den Sternen greifen« und »nach oben« wollen, um ihre Kreativität auszuleben und zu beweisen. Sie brauchen eine starke innere Führung.

4

Das sind meist zuverlässige Menschen, die ihre Aufgaben pflichtbewusst erfüllen und ernsthaft bemüht sind, ein stabiles Lebensfundament zu schaffen. Manchmal sind sie in ihrem Vorgehen recht eigen.

5

Vielseitige, freiheitsliebende und unbekümmerte Menschen, die rasch denken und ausdrucksstark sind. Diese Personen sind häufig deutlich wacher als ihre Umwelt, brauchen aber eine gute »Erdung«.

6

Hier finden sich Menschen, die hilfsbereit sind und zugleich das Leben genießen können. Sie haben musische oder künstlerisch-ästhetische Talente, die das Leben leichter und schöner machen können.

7

Analytisch denkende Menschen, die eine größere Intimsphäre oder einen ausgeprägten privaten Bereich brauchen, um zu sich selbst zu finden und sich zu entfalten. Bei unbewussten Menschen »Opfermentalität«.

8

Menschen, die gern »mit dem Strom schwimmen«, um das Beste aus dem Leben zu machen. Das kann auf innerer Einsicht beruhen – oder auf Bequemlichkeit. Sie haben die Gabe, Kräfte zu bewegen und in Fluss zu halten.

9

Inspiration, Einfühlung in größere Zusammenhänge, humanistische Neigungen und Einsatzbereitschaft sind Merkmale, die hier eine große Rolle spielen. Oft fühlen sich diese Menschen im Mittelpunkt des Schicksals.

Zahlenwerte für Nachnamen: Ihre »Ahnenzahl«

Wandeln Sie Ihren Nachnamen, so wie er im Pass steht, in Zahlenwerte um, und bilden Sie die Quersumme. Die einstellige Zahl, die sich ergibt, sagt etwas über die Einflüsse, die aus der Familie stammen, in die Sie hineingeboren wurden.

1

In solchen Familien gibt es viele, die etwas zum ersten Mal machen – der erste Arzt, der erste Ingenieur etc. Willensstärke und Einsatzbereitschaft gelten viel.

2

Die Begegnung in der Familie ist wichtig, der ständige Austausch – über Wichtiges oder Unwichtiges. Nach Lloyd Strayhorn sollen Frauen, die in diese Familien geboren werden, hohen Respekt genießen.

3

Ehrgeiz und Selbstvertrauen in die eigenen Fähigkeiten sind ausgeprägt, das deutet in unseren Gesellschaftsformen letztlich auf Erfolgsstreben hin.

4

Hier muss alles seine Ordnung haben – auch wenn diese Ordnung sehr eigenwillig ist. Von früh soll man sich einfügen und anpassen, und erhält dafür Schutz.

5

In solchen Familien gibt es meist sehr vielseitige Interessen und Charaktere – und damit die Chance, sich ebenfalls sehr vielseitig zu entwickeln.

6

Harmonie im Zusammensein steht als ein wichtiges Lebensziel ganz obenan; soziale Belange und der Umgang miteinander in einer Gemeinschaft sind wichtig.

7

Hier werden unterschiedliche Ansichten oder Interessen meist nicht offen angesprochen und abgestimmt, sondern eher bei sich behalten. Echte Verinnerlichung (seltener) oder Kritikausbrüche (häufiger) sind zwei Folgen davon.

8

Aktive Menschen, die nach außen gehen und etwas vom Leben »haben« wollen, bestimmen die Atmosphäre in solchen Familien. Manchmal herrschen auch Bequemlichkeit und *laissez-faire*.

9

In diesen Familien spielen die Vollendung eines Schicksals, der Abschluss eines Zyklus und ähnliche Momente der Beendigung eine merkliche Rolle.

7

Zahlen des Lebens und der Liebe

Welche Zahlen bringen welche Lebensthemen?

In diesem Kapitel finden Sie zunächst einfache und zugleich treffende Schlüsselworte für die Zahlen in der Liebe, um sich allgemein zu orientieren. Danach wenden wir uns anderen Lebensbereichen zu und überlegen, welche Zahlen dort welche Hinweise geben.

Zahlen der Liebe

Gibt es überhaupt eine spezielle »Liebeszahl«? Wenn ja, was ist dann Ihre »Liebeszahl«? Und was ist die »Liebeszahl« Ihres Partners, Ihrer Partnerin?

Die folgenden ersten knappen Schlüsselworte können Sie sowohl auf die Namenszahl, die Vornamenszahl und die Geburtstagszahl als auch auf die

Gesamtsumme anwenden. Manche benutzen sogar nur die Vokale des gebräuchlichen Vornamens, um ihre Liebeszahl zu errechnen. Mein Vorschlag lautet: Die einstellige Zahl, die sich aus dem Geburtstag, dem Geburtsmonat und dem gebräuchlichen Vornamen ergibt, ist die Liebeszahl. Meisterzahlen bilden eine Ausnahme.

1: Erobernde Liebe
2: Herzliche Liebe
3: Schöpferische Liebe
4: Empfindsame Liebe
5: Flirtende Liebe
6: Sinnliche Liebe
7: Prüfende Liebe
8: Harmonische Liebe
9: Verschmelzende Liebe
11: (bzw. andere Meisterzahlen): Idealistische Liebe

Wer passt zu wem?

Wie passen Menschen zusammen? Auch hier eine erste kurz gefasste Übersicht. Auf Partnerthemen und so fort gehen wir später ein.

Fördernd, leicht, »günstig« sind diese Kombinationen von den Liebeszahlen zweier Partner:
- 1 und 2, 1 und 3, 1 und 5, 1 und 8
- 2 und 4, 2 und 6, 2 und 8, 2 und 11
- 3 und 3, 3 und 6, 3 und 7, 3 und 9
- 4 und 6, 4 und 8, 4 und 9, 4 und 11
- 5 und 5, 5 und 8
- 6 und 6, 6 und 9
- 7 und 8, 7 und 11
- 8 und 8, 8 und 11
- 9 und 11

Neutral oder von Fall zu Fall unterschiedlich sind:
- 1 und 1, 1 und 6, 1 und 9
- 2 und 3, 2 und 7, 2 und 9
- 3 und 4, 3 und 8, 3 und 11
- 4 und 4, 4 und 5
- 5 und 6, 5 und 7
- 6 und 8, 6 und 11
- 7 und 7
- 8 und 9
- 9 und 9
- 11 und 11

Herausfordernd, voller Lernaufgaben, »ungünstig« sind:

- 1 und 4, 1 und 7, 1 und 11
- 2 und 2, 2 und 5
- 3 und 5
- 4 und 7
- 5 und 9, 5 und 11
- 6 und 7
- 7 und 9

Wenn Sie die Liebeszahlen von zwei Partnern miteinander vergleichen, sollten Sie bitte daran denken, dass Sie nur die Vornamenszahl mit der Vornamenszahl, die Geburtstagszahl mit der Geburtstagszahl und so fort vergleichen, um von derselben Grundlage auszugehen.

Ein Beispiel

Nehmen wir an, Petra Reiter, geboren am 12.7.1964, und Kai Ludwig Bornheim (der aber nur Kai genannt wird), geboren am 14.1.1961, wollen anhand ihrer Liebeszahlen erfahren, ob und wie und wo sie übereinstimmen und harmonieren oder in welchem Bereich sie Herausforderungen zu bestehen haben.

P e t r a R e i t e r

7 + 5 + 2 + 9 + 1 + 9 + 5 + 9 + 2 + 5 + 9 = 63 = 9

Petras Vornamenszahl ist 6, ihre Namenszahl (Vorname plus Nachname) ist 9, ihre Geburtstagszahl ist 3, ihre Gesamtzahl (Geburtstagszahl plus ganze Namenszahl) ist ebenfalls eine 3.

K a i L u d w i g B o r n h e i m

2 + 1 + 9 + 3 + 3 + 4 + 5 + 9 + 7 + 2 + 6 + 9 + 5 + 8 + 5 + 9 + 4 = 91 = 10 = 1

Kais gesamte Vornamenszahl ist 7, sein gebräuchlicher Rufname Kai ergibt jedoch eine 3, seine Gesamtnamenszahl ist 1, seine Geburtstagszahl ist 5, die Gesamtzahl 6.

Partnervergleich Petra–Kai

Vornamenszahlen: Sinnliche Liebe – Prüfende Liebe (mit Ludwig)

Vornamenszahlen alternativ: Sinnliche Liebe – Schöpferische Liebe (Kai ohne Ludwig)
Der Zahlenwert des Vornamens steht für die persönliche Ausrichtung im Leben. Wenn Kai darauf bestehen würde, Kai Ludwig genannt zu werden, würde das also seine »Liebesschwingung« dahin verändern, dass er der »sinnlichen Liebe« seiner Petra eher mit einer »prüfenden« als mit einer »schöpferischen Liebe« begegnen würde. Eine kritisch-analytisch prüfende Einstellung des Mannes zu seiner Umwelt ganz allgemein wird zumindest wohl anfangs dazu führen, dass er auf die unmit-

telbare Sinnlichkeit seiner Partnerin nicht so eingeht, wie sie es von ihrem Naturell her als ganz natürlich empfindet.

Namenszahlen: Verschmelzende Liebe – Erobernde Liebe
Die Zahl für den ganzen Namen gilt als »Ausdruckszahl« und gibt damit über den Menschen in seinem gesamten Gesellschaftsbezug Auskunft. Selbst wenn Petra Kai heiratet und dessen Nachnamen annimmt, bleibt es bei ihrer Zahl 9 für den gesamten Namen und »verschmelzender Liebe« und seiner Zahl 1 und »erobernder Liebe«. Das kann sich durchaus gut ergänzen, wenn seine vorwärtsdrängende Kraft nicht zu ungestüm ist und er vor allem rücksichtsvoll auf ihren Wunsch nach Verschmelzung eingeht.

Geburtstagszahlen: Schöpferische Liebe – Flirtende Liebe
Die Zahlenwerte für die Geburtsdaten weisen auf persönliche Aufgaben hin. Hier wird es für Kai und Petra darauf ankommen, dass sie sich von seiner Leichtigkeit aufbauen lässt, wenn sie gar zu ernsthaft schöpferisch sein will, und er ihre Kreativität auch ernst nimmt, anstatt nur seinem Spieltrieb zu folgen.

Gesamtzahlen: Schöpferische Liebe – Schöpferische Liebe

Was den »höheren geistigen Lebenssinn« angeht, für den die Quersumme aus der gesamten Geburtstags- und der gesamten Namenszahl steht, so besteht völlige Übereinstimmung.

Petra und Kai passen numerologisch also in vielerlei Hinsicht zusammen bzw. ergänzen sich harmonisch.

Hinweise für Ihre Deutungen

Achten Sie bei Ihren Deutungen darauf, die Wichtigkeit der verschiedenen Zahlen zu unterscheiden. Während sich bei Vornamens- und Geburtstagszahl unterschiedliche Kräfte gut ergänzen können, kommt es der Erfahrung nach beim Vergleich der Namenszahl bzw. der Gesamtzahlen aus Geburtstag und Namen eher darauf an, echte Übereinstimmungen zu erzielen.

Sie können auch mit einer Namensänderung Ihre Energie verändern. Wenn eine Monika ihren Namen in Monica ändert, so ändert sie damit auch die Schwingung ihrer Liebeszahl des Vornamens – von 9 zu 1, also von einem Hang zur »verschmelzenden Liebe« (oder einer Gefahr zur Selbstaufgabe) zu einer Tendenz, in Fragen der Liebe selbst das Heft in die Hand zu nehmen und »zu erobern« (oder sich vor Ent-Täuschungen möglichst zu schützen).

Sicher werden Sie jetzt einfach einmal die Zahlenwerte für sich und Ihren Partner / Ihre Partnerin oder für Freunde, Eltern, Kinder und so weiter ausrechnen und vergleichen wollen. Dabei viel Spaß!

Deutung von Partnerschaftsaufgaben anhand einstelliger gemeinsamer Partnerzahlen

Sie können entweder Ihre Zahlen untereinander vergleichen – die Geburtstagszahl mit der Geburtstagszahl des Partners, Ihre Vornamenszahl mit der des Partners, und so fort. Das haben wir oben gesehen.

Oder Sie addieren Ihre Zahlenwerte mit jenen Ihres Partners und erhalten dann eine einzige neue und gemeinsame Zahl. Das kann man nur für die Tage der Geburtstage machen, für Tage und Monate, für die gesamten Geburtstagszahlen, für beide Vornamen oder die gesamten Namen. Das liegt ganz bei Ihnen. Am Ende gibt es eine einstellige Zahl, die ein Licht darauf wirft, welche Aufgabe in dieser Beziehung einen besonderen Stellenwert hat.

1

Das Thema ist immer wieder, auf einen gemeinsamen Nenner zu kommen – bei Wohnung und Einrichtung, Urlaubszielen und Freizeitgestaltung, Berufsaussichten und Zukunftsperspektiven.

2

Die unterschiedlichen Polaritäten leben, genießen, aushalten. Abweichende Ansichten, unterschiedliche Reaktionsmuster, eigenständige Zeiten und Räume gestatten und nutzen.

3

Gemeinsame Projekte, die etwas Sichtbares aufbauen – ein Wohnungskauf, ein Auto, Vereinstätigkeit, gemeinnützige Tätigkeit. Am offensichtlichsten natürlich: Kinder aufziehen und betreuen.

4

Die Partnerschaft soll ein sicherer Hort sein, eine geschützte Heimstatt, in der man sich jederzeit ungestört entfalten kann und zugleich von den Angriffen und Ablenkungen der Umwelt abgeschirmt ist.

5

Die Beziehung lebt davon, dass sich beide immer wieder neu und frei dafür entscheiden, dass beide laufend andere Facetten an sich, am Partner und der Art des Zusammenlebens entdecken und ausprobieren.

6

Die Partnerschaft in möglichst vielen Facetten genießen und Situationen schaffen, die Freude, Fröhlichkeit und Sonne in den Alltag bringen. Das Ja zum Partner als Ja zum ganzen Leben und zum Selbst verwirklichen.

7

Die Umstände in der Beziehung als Folge von eigenen früheren Entscheidungen begreifen und damit konstruktiv umgehen. Jede Partnerschaft verlangt immer wieder neue Entscheidungen.

8

Spüren, wie immer alles wieder weitergeht, auch wenn zeitweise eine Stauung auftritt. Selbst etwas aktiv dafür tun, dass die Energien immer im Fluss bleiben, dass immer harmonische Schwingungen zu spüren sind.

9

In der Partnerschaft an sich eine Erfüllung suchen und finden, auch ohne äußere Aktivitäten, Einladungen, Verwandte und Freunde. Die Endlichkeit und Begrenztheit allen menschlichen Tuns erkennen und gelassen annehmen.

Sie können die Deutung jedoch auch für Partnerzahlen von 1 bis 12 (entsprechend der astrologischen Deutung) oder von 1 bis 21 (entsprechend der Tarot-Deutung) anwenden. Die Deutungsvorschläge dazu finden Sie in den beiden entsprechenden Kapiteln.

Weitere Deutungsworte zu den Geburtstagszahlen

Die folgenden Schlüsselgedanken gelten übrigens nicht nur für einen Geburtstag, sondern für den jeweiligen Tag in jedem beliebigen Monat. Die Worte spiegeln beispielhaft, aber selbstverständlich nicht annähernd umfassend, etwas von der Schwingung dieser Zahlen von 1 bis 31.

1 Sonnenzahl und Einheit. Der spirituelle Wille bringt uns vorwärts.

2 Mondzahl und Dualität. Der emotionale Wille lässt uns Leben spüren.

3 Die heilige Trinität. Die geistige Ordnung des Lebens als Ziel.

4 Fülle erleben und bewahren, das Leben kraftvoll formen und aufbauen.

5 Vereinigung von Himmel und Erde. Der freie menschliche Wille gestaltet.

6 Freude am Leben als Ergebnis von Begegnung, Selbstwertgefühl und Schönheit.

7 Transformation als Lebensprinzip, Veränderungen als Lebensantrieb.

8 Ausgleich zwischen Innen und Außen, Mensch und Welt, Körper und Seele.

9 Gefühl für die spirituelle Unsterblichkeit. Blick »hinein« und »hinaus«.

10 Stärke und kreative Energie, das Leben zu transformieren.

11 Mit Konflikten schöpferisch und harmonisch umgehen lernen.

12 Aus Geben und Teilen entsteht die eigene Entwicklung und Erfüllung.

13 Konzentration auf jeweils ein Vorhaben, auf ein Projekt bringt Erfolg.

14 Aus der Öffnung für Himmel und Erde erwächst eine überpersönliche Kraft.

15 Die Kraft des eigenen Charismas sinnvoll und nicht manipulativ nutzen.

16 Das Talent, schwierige Entscheidungen zu treffen und positiv vorwärtszugehen.

17 Nicht nur Weiß und Schwarz annehmen, sondern alle Lebensfarben dazwischen.

18 Achtsamkeit entwickeln, um über Illusionen und Projektionen Wahrheit zu finden.

19 Irdische Freuden anstreben und genießen, liebevoll zusammen mit anderen.

20 Die Gabe fördern, mit den Veränderungen des Lebens gelassen umzugehen.

21 Wohlergehen, Wohlgefühl, ein gutes Leben. Vorsicht vor zu viel Bequemlichkeit.

22 Mehr beim Selbst und der inneren Wahrheit bleiben und nicht bei jener der Umwelt.

23 Viel Glück im herkömmlichen Sinne (Geld, Beliebtheit). Vorsicht vor Arroganz.

24 Hilfe durch Menschen des anderen Geschlechts; Hilfe durch Sympathie.

25 Nach Prüfungen am Anfang später Erfolgserlebnisse durch beharrliche Arbeit.

26 Man muss um Beziehungen und berufliche Erfolge »kämpfen«, aber es gelingt.

27 Starke individuelle Ausdruckskraft und Einsatzbereitschaft verbinden sich hier.

28 Man spürt, wie das Leben in immer neuen Spiralen ähnliche Themen bringt.

29 Im Alltagsleben fleißig, im Liebesleben unüberlegt oder auf Single-Sein gepolt.

30 Verständnis für die Wichtigkeit von guter Planung und Organisation im Leben.

31 Abstand zu sich selbst und anderen, damit gute Übersicht, aber auch unbeteiligt.

Die Monatszahl allein

Eine einfache und wörtlich genommen sehr natürliche Deutung ergibt sich aus der Jahreszeit und dem Wetter, aus Vegetation und Lebensgefühl, die dem jeweiligen Monat entsprechen.

1 bzw. Januar	Neuausrichtung, Neubeginn
2 bzw. Februar	Licht aus dem Inneren, Keim für Neues
3 bzw. März	Sich regen bringt Segen
4 bzw. April	Deutliche Manifestation, Lebenswille
5 bzw. Mai	Entfaltung und Genuss von Kräften
6 bzw. Juni	Vielgestaltigkeit, Austausch
7 bzw. Juli	Erste Fruchtbildung, Gemeinsamkeiten
8 bzw. August	Hochstimmung, aktive Lebensfreude
9 bzw. September	Sorgsame Ernte, Gewinn
10 bzw. Oktober	Feier des Lebens, Balance
11 bzw. November	Verwandlung, Aufstieg
12 bzw. Dezember	Vollendung, Verinnerlichung

Man kann die Monatszahlen von 1 bis 12 auch so deuten, wie es im Abschnitt »Astrologie und Zahlen« ausgeführt ist. Ich möchte Sie an dieser Stelle jedoch gern erneut daran erinnern, dass Sie immer auch Ihren eigenen Impulsen vertrauen, welche Analogien es zu Zahlen sonst noch geben könnte, und sich auch für andere, ganz persönliche Deutungen öffnen.

Übrigens: In Österreich nennt man den Januar Jänner und den Februar Feber. Von der Numerologie her ist das ganz interessant.

Januar = 20 oder 2 (1 + 1 + 5 + 3 + 1 + 9)
Jänner = 31 = 4 (1 + 1 + 5 + 5 + 5 + 5 + 9; ä = a + e)
So wäre der Januar hochdeutsch also Begegnung auf einer höheren Ebene (2 + 0), im Tarot als 20 *Das Gericht* bzw. *Der Ruf* und als 2 *Die Hohepriesterin*. Für Österreich hat der Januar hingegen eher die Schwingung von Struktur, Schutz und Ordnung, im Tarot *Der Herrscher*.

Februar = 35 = 8 (6 + 5 + 2 + 9 + 3 + 1 + 9)
Feber = 27 = 9 (6 + 5 + 2 + 5 + 9)
Der Februar wäre in Hochdeutsch ein neuer Energiefluss und Balance, im Tarot *Der Wagen* bzw. *Der Siegeswagen*. Für Österreich schwingt der Februar mehr als Abschluss und Vollendung; im Tarot als *Der Eremit*.

Ob sich das wohl auch im Alltag der Völker so beobachten lässt? Zumindest ist dies ein Mosaiksteinchen für eine bewusste neue Betrachtung von Zahlen und ihren Schwingungen. Vielleicht stellen Sie ja ähnliche oder andere Vergleiche an.

Die Jahreszahl allein

Ich bin 1948 geboren und könnte so rechnen:

- 1 + 9 + 4 + 8 = 22; 22 ist eine sogenannte bzw. angebliche Meisterzahl der »doppelten Begegnung«, mit anderen Menschen und mit mir selbst, oder mit dem äußeren, sichtbaren Leben und der inneren, unsichtbaren Ursache oder geistigen Kraft;
- oder ich reduziere die 22 weiter auf eine einstellige Quersumme: 2 + 2 = 4; 4 als Zahl der ordnenden Klarheit und schützenden Struktur.

Im Buch »Die Botschaften der Engelzahlen« haben Jutta Fuezi und ich eine Deutung der Jahreszahlen von 1900 bis 2025 angeboten. Das möchte ich an dieser Stelle nicht wiederholen. Stattdessen gern eine Kurzdeutung der einstelligen Quersumme der Jahreszahl. 1948, mein Geburtsjahr, ist danach eine 4; 1968 ist eine 6; 1982 ist eine 2; 2000 ist auch eine 2; 2012 ist eine 5; 2013 eine 6; 2014 eine 7; 2015 eine 8; 2016 eine 9; 2017 wieder eine 1; und so fort.

Hier eine Kurzdeutung für die Grundschwingung der Jahreszahlen von 1 bis 9. Man könnte auch die Zahlen von 1 bis 12 als Jahreszahl deuten, siehe Kapitel »Zahlen und Astrologie«, oder 1 bis 21, gleich ob einstellig oder zweistellig. Dazu finden

Sie ja dann vor allem im Kapitel zum Tarot ausführlichere Vorschläge.

Schließlich: Diese Deutungsvorschläge zu Tages-, Monats- und Jahreszahlen dienen ja der Vertiefung und der Differenzierung. Wer das jetzt gerade nicht so sucht oder braucht, kann natürlich alle Deutungen für die jeweiligen Zahlen auch einfach auf die eigene Geburtstagszahl beziehen, also die Quersumme von Tag, Monat und Jahr der Geburt.

Kurzdeutungen für die Jahreszahlen von 1 bis 9

1: Selbstgefühl, Führung; Yang
2: Offenheit, Partnerschaft; Yin
3: Interaktion, Kommunikation; Yang
4: Gestaltung, Sicherung; Yin
5: Aktivität, Entscheidungen; Yang
6: Gemeinschaft, Verantwortung; Yin
7: Bewusstheit, Spirit; Yang
8: Power, Opfer; Yin
9: Verwandlung, Übergang; Yang

Sie sehen, dass ich hier Yang und Yin mit aufgeführt habe. Manche Numerologen meinen, dass 1 für Yang steht und 2 für Yin, aber sonst keine anderen Zahlen. Andere sind der Ansicht, dass alle ungeraden Zahlen, also 1, 3, 5 und so fort für Yang stehen, und alle geraden Zahlen für Yin, also 2, 4, 6 und so fort. Letztlich sind wiederum Sie selbst aufgerufen, hineinzuspüren und eigenständig zu entscheiden, was für Sie stimmig ist.

Eine weitere inspirierende Übersicht zur Deutung von drei wesentlichen Zahlen

Die **Geburtszahl** ist die Quersumme von Tag und Monat.
Die **Jahreszahl** ist die Quersumme des dazugehörigen Jahres. Das kann sich auf Ihren Geburtstag beziehen oder auf ein beliebiges anderes Jahr.
Die **Aktionszahl** ist der Auftrag bzw. die Gabe, die sich aus der Summe von Geburtszahl und Jahreszahl ergeben.

Ein Beispiel

Jemand ist am 24.11.1974 geboren.

24 ist der Tag, 11 der Monat. Zusammen: 2 + 4 + 1 + 1 = 8. 8 ist die Geburtszahl.

1974 ist das Jahr. Zusammen: 1 + 9 + 7 + 4 = 21 = 2 + 1 = 3. 3 ist die Jahreszahl.

Beide Zahlen zusammen sind: 8 + 3 = 11 = 1 + 1 = 2. 2 ist die Aktionszahl.

Der Mensch bekommt also diese numerologischen Hinweise:

- 8 = Richter/in
- 3 = Aufbau
- 2 = Austausch fördern

Von seiner Grundstruktur ist dieser Mensch so etwas wie ein »Richter«, der sachlich, neutral und gerecht das Leben erfährt und auch bestrebt ist, so mit ihm umzugehen. Seine Aufgabe bzw. seine Gabe ist, etwas aufzubauen, etwas stabil zu gestalten. Die Art und Weise, wie er das am liebsten bzw. am besten macht, ist, dass er den Austausch zwischen Menschen fördert. Ein kleines Beispiel nur, aber es kann je nach den Umständen und Fragen, um die es geht, ein wertvoller Fingerzeig sein.

Und hier die Deutungen:

Stichworte zu den Zahlen in Kombination

Zahl	Geburtszahl	Jahreszahl	Aktionszahl
1	Pionier/in	Aufbruch	Neuanfang wagen
2	Partner/in	Begegnung	Austausch fördern
3	Designer/in	Aufbau	Kreativen Ausdruck suchen
4	Baumeister/in	Sicherung	Festigkeit finden
5	Manager/in	Entscheidung	Verantwortung übernehmen
6	Vermittler/in	Freude	Leben genießen
7	Sucher/in	Karma	Notwendigkeit akzeptieren
8	Richter/in	Ausgleichung	Energiefluss zulassen
9	Philosoph/in	Vollendung	Dinge rund werden lassen
10	Kämpfer/in	Durchbruch	Neue Sichtweise erlauben
11	Reformer/in	Konsequenz	Menschlichkeit achten
12	Idealist/in	Verwandlung	Sich selbst wegen

Die Zahl des Jahrhunderts

Eigentlich noch interessanter scheint mir ein anderer numerologischer Zusammenhang, nämlich die Qualität des Jahrhunderts.

19.. 1 + 9 = 10 bzw. 1: Das ist Neubeginn, Aufbruch und Durchbruch. Da schwingt Wille mit, Macht, Ratio …

20.. 2 + 0 = 2 (vielleicht auch 20): Das ist Begegnung, Miteinander, Austausch …

Sind die 1900er-Jahre nicht das Jahrhundert des Intellekts, des »Fortschritts«, der Machbarkeit gewesen? Und ruft in den Jahren und Jahrzehnten der 2000er-Jahre nicht alles nach mehr Austausch, Aufeinanderzugehen, nach mehr Leben aus dem Herzen?

Wofür die einzelnen Zahlen auch stehen können

Tag und Monat zusammen

(astrologisch wie der Aszendent?)
Lebenseinstellung, Haltung, Vorgehensweise

Namenszahl

(astrologisch wie die Sonne?)
Kern der Persönlichkeit

Vorname

(astrologisch wie der Mond?)
Individuell angelegte Seelenschwingung

Gebräuchlicher bzw. selbst gewählter Vorname

(astrologisch wie der Mond?)
Spirituell selbstbestimmte Entwicklung

Nachname

(astrologisch wie Mondknotenachse?)
Familien- und Ahnenkarma

Heiratsname

(astrologisch wie Jupiter und Saturn zusammen?)
Erweiterung von Familien- und Ahnenbezügen

Ihre Talente, Ihre Gaben, Ihre Stärken

In manchen meiner Kurse erforschen wir, welchen Aufschluss bzw. welche neue Sichtweise Name und Geburtsdatum zu persönlichen Fähigkeiten, Stärken und Talenten geben kann. Aber: Eine Zahl lässt in der Regel keinen Rückschluss darauf zu, welche Ziele Sie anstreben sollten, welche Ziele Sie glücklich machen, welche Ziele Ihnen Erfolge bringen. Das müssen Sie in Eigenverantwortung selbst erspüren, als inneres Wissen erfassen oder anhand der Rückmeldungen Ihrer bisherigen Lebenserfahrungen feststellen.

Die Zahl sagt nach meiner Erfahrung auch nicht aus, welches Talent jemand hat. Man kann nicht einfach deuten: Einser sind Pioniere und Entdecker, Zweier Beziehungsprofis, Dreier gute Planer und Aufbauer und so fort. Vielmehr weist die Zahl darauf hin, wie Sie mit einem Thema, einem Ziel, einem Talent am stimmigsten umgehen können, wie Sie Ihre Lebenserfahrung und Weltsicht am besten einbringen, mit welcher Einstellung Sie am erfolgreichsten auf Ihrem Weg und auf Ihre Weise vorankommen.

Ich arbeite gern mit dem Vornamen und mit dem Tag und Monat der Geburt. Andere nehmen lieber den ganzen Namen und das gesamte Geburtsdatum einschließlich des Jahres. Auch bei diesem Thema ist es wie so oft in der sogenannten Esoterik: Es gibt kein einziges und immer gültiges System, keine exklusive Methode, die immer »stimmt«. Ich möchte Ihnen an dieser Stelle beschreiben, wie ich mit Numerologie und Talenten umgehe:

Die Geburtszahl nach Tag und Monat sowie die Vornamenszahl geben grundlegende Hinweise, *wie* jemand Ziele am besten erreichen und Talente am besten entwickeln und nutzen kann.

- Die Quersumme des Geburtstags und des Geburtsmonats zeigt mir an, welche Anlagen von Gaben und Stärken jemand quasi naturgegeben mit sich bringt.
- Die Quersumme des Vornamens weist auf die Art und Weise hin, wie jemand seine Talente und Fähigkeiten am besten nutzen kann, also auf die Umsetzung.
- Die Quersumme aus beiden Zahlen gibt mir einen Hinweis, wie dieser Mensch mit den Chancen und Herausforderungen aufgrund seiner Talente und seiner Herangehensweise am besten und für sich am stimmigsten umgehen kann – das ist also eine Art Quintessenz.

Hier eine auf das Wesentliche verdichtete Übersicht, mit jeweils nur wenigen Schlüsselworten.

	Anlagen	Umsetzung	Quintessenz
1	Begeisterung rasch	hektisch (?)	Idee und Aktion
2	Einfühlung behutsam	zögerlich (?)	Verbindung
3	Planung konstruktiv	effizient	Manifestation
4	Aufbau	auf Absiche-rung bedacht, geordnet	Erhaltung
5	Offenes Bewusstsein	kreativ	bewusste Menschlichkeit
6	Lebensfreude	unbekümmert, genießerisch	Liebe leben
7	Inspiration	alltagstauglich	Problemlösung
8	Anpassungs-fähigkeit	harmonisch	Lebensfluss
9	Innerlichkeit	innere Führung	Gelassenheit
10	Pionier sein	Quantensprung	Durchbruch
11	Lebenskraft	sensitiv	Erotik
12	In sich selbst ruhen	ganzheitlich	Erfüllung

Ein Beispiel

Eine Frau heißt Eva und ist am 11.3. geboren. Ihre Anlagen ergeben sich aus dem Tag und dem Monat der Geburt, also aus 11 und 3 = 1 + 1 + 3 = 5. Ihre Umsetzung von Talenten und Stärken ergibt sich aus der Quersumme des Vornamens Eva, also 5 + 4 + 1 = 10. Die Quintessenz im Hinblick auf ihre Anlagen und deren Umsetzung ist die Summe der beiden vorherigen Zahlen. Also 5 + 10 = 15 = 1 + 5 = 6.

Bei unserer Eva sind ihre Anlagen vor allem 5 = ein offenes Bewusstsein, das heißt, sie ist frei von dogmatischen geistigen Grenzen. Die Umsetzung ihrer Anlagen ist die 10 = Quantensprung. Mit diesem Stichwort ist gemeint, dass jemand fähig und bereit ist, Dinge ganz anders zu sehen als die meisten und sie völlig neu zu handhaben versteht. Die Quintessenz ist die 6 = Liebe leben. Sie wird sich also dann besonders gut entfalten können und Erfüllung finden, wenn sie ihre Liebe lebt.

Wichtige Lebensthemen und psychologisch-spirituelle Entwicklungsphasen

Ein interessanter Ansatz, finde ich, liegt darin, die Geburtszahl mit der persönlichen Jahreszahl zu vergleichen. So bekommt man Hinweise und unter Umständen eine ganz neue Sichtweise, welche Themen die jeweilige Lebensphase bestimmen. Dieser Bezug zwischen Geburtszahl und Jahreszahl zeigt psychologische und spirituelle Stufen an, Entwicklungschancen und Herausforderungen. Dafür eignen sich besonders gut die Großen Arkana im Tarot mit den Zahlen von 1 bis 21. (Die 0, *Der Narr,* entfällt, weil er ja der »Reisende« ist, der die Stationen durchläuft und die Archetypen erfährt, welche von den Gestalten mit den Zahlen von 1 bis 21 bezeichnet werden.

Zur Erinnerung:

- Die **Geburtszahl** ist die Quersumme aller Zahlen von Tag, Monat und Jahr der Geburt.
- Die **persönliche Jahreszahl** ist die Zahl, die sich aus dem Geburtstag und Geburtsmonat und der Zahl des laufenden Jahres ergibt.

Ein Beispiel

Jemand ist am 14.7.1968 geboren. Die Geburtszahl ist 1 + 4 + 7 + 1 + 9 + 6 + 7 = 35 = 8. Zu seinen Lebensaufgaben gehören also vor allem die Dinge, die der 8 entsprechen. Nun möchte dieser Mensch sich darauf einspüren, welche besonderen Chancen 2014 wichtig sind. Also errechnet er aus dem Datum 14. 7. 2014 die persönliche Jahreszahl. 1 + 4 + 7 + 2 + 0 + 1 + 4 = 19 bzw. 10 und auch 1.

Die persönliche Jahreszahl gilt nach meiner Erfahrung und Einschätzung ein halbes oder ein Vierteljahr vor dem Geburtstag bis ein halbes oder ein Dreivierteljahr nach dem Geburtstag.

Eine Möglichkeit, die 8 unseres Beispiels als Geburtszahl im spirituellen Sinn zu deuten, finden wir in den Sätzen:

- Ich erwache dafür, dass ich dem Leben und den Menschen nur dann gerecht werde, wenn ich auch mir selbst gerecht werde. (Siehe auch S. 226 ff.)

Nun setzen wir in der numerologischen Deutung diese Aussage in Beziehung zu den Aussagen, die wir für die 19, die 10 und die 1 finden. (Meistens gibt es zwar nur eine einstellige Quersumme, manchmal aber eben nicht. Deshalb habe ich ja bewusst dieses Beispiel gewählt. Wem das zu viel und zu kompliziert ist, kann sich ohne Weiteres für eine der Zahlen entscheiden – schließlich ist es ja Ihre Deutung) Für 19, 10 und 1 finden wir (siehe auch S. 226 ff.):

- Ich erwache für die Einsicht »Alles ist stimmig und gut in der ganzen Schöpfung und im ganzen Leben«, und ich lebe das.
- Ich erwache in die Gelassenheit, das Auf und Ab der Welt und des Lebens ruhig anzunehmen.
- Ich erwache für die Magie der Kräfte auf Erden und erfahre, dass Kräfte dem Sinn oder einer Gaukelei dienen können.

Die Deutung könnte also so aussehen:
Dieser Mensch soll und darf in seinem gesamten Leben vor allem darauf achtgeben, dass er sich selbst gerecht wird (8). 2014 kommen als besondere Schwerpunkte hinzu, dass er das Leben so annimmt, wie es eben ist (19 und 10), und dass er sich bewusst und eigenverantwortlich entscheidet, welche Kräfte er auf welche Weise und aus welchem Motiv nutzen möchte.

So können Sie die eine Geburtszahl und die dazugehörige persönliche Jahreszahl und deren Beziehung als einen aufschlussreichen Hinweis darauf verwenden, welche Thematik in einem Jahr speziell wichtig ist. Selbstverständlich lässt sich diese Beziehung zwischen Geburtszahl und persönlicher Jahreszahl auf verschiedenen Ebenen deuten – spirituell, psychologisch, körperlich, materiell. Sie können einfach die jeweiligen Schlüsselworte, die Sie in diesem Buch finden, analog einsetzen. Die folgenden Deutungen der Zahlen sind eine weitere, zusätzliche Möglichkeit.

Ihre Geburtstags-Jahreszahl zwischen 1 und 21

Zur Erinnerung: Hier geht es nicht um ein Jahr für sich genommen, sondern um Ihre Geburtstagszahl mit Tag und Monat, aber nun für ein beliebiges Jahr in Ihrem bisherigen oder künftigen Leben, irgendein Jahr nach Ihrer Geburt.

Dafür noch ein Beispiel: Geburtstag 17.4.1982. Die Geburtstagszahl ist 1 + 7 + 4 + 1 + 9 + 8 + 9 = 39 = 3 + 9 = 12 bzw. 1 + 2 = 3.

Man kann die Geburtstagszahl entweder als zweistellige Ziffer deuten, als 39 (wofür es keine besonderen Deutungen gibt) oder als 12 (was sowohl in der astrologischen Numerologie als auch in der Tarot-Numerologie interessante Aufschlüsse gibt). Oder man deutet sie ganz traditionell in ihrer einstelligen Quersumme, nämlich als 3. Das ist ja immerhin die Grundlage aller anderen mehrstelligen Quersummen.

Die Geburtstags-Jahreszahl ist, wie wir wissen, die Quersumme aus dem Geburtstag und dem Geburtsmonat und nun dem jeweils aktuellen Jahr.

Um beim Beispiel von oben zu bleiben:
2013 ist die Jahreszahl der Person: 17.4.2013 = 18 = 1 + 8 = 9

2014 ist die Jahreszahl der Person: 17. 4. 2014 = 19 = 1 + 9 = 10 oder 1 + 0 = 1
2015 ist die Jahreszahl der Person: 17. 4. 2015 = 20 oder 2 + 0 = 2

Die Jahreszahlen von 1 bis 21 lassen sich sehr stimmig nicht nur nach ihren einstelligen Quersummen zwischen 1 und 9 deuten (Deutungsvorschläge dazu stehen ja weiter oben), sondern eben auch als Quersummen zwischen 1 und 21, entsprechend den Energien, Qualitäten und Schwingungen, wie sie uns in den 21 Stationen des Tarot begegnen. Ich biete Ihnen weiter unten entsprechende Deutungen an, die sich nicht alle neun Jahre wiederholen, sondern nur alle 21 Jahre.

Jahreszahlen »gelten« nach meiner Einschätzung etwa von der Zeit von einigen Wochen oder ein bis zwei Monaten vor dem jeweiligen Geburtstag an und dann eben ab da ein Jahr hindurch. Beobachten Sie, ob sich die entsprechende Energie in Ihrem Leben schon früher oder eher etwas später, vielleicht wirklich erst ab der Woche des Geburtstags, bemerkbar macht.

Jeder Mensch macht im Laufe seines Lebens, wenn er mindestens das 21. Lebensjahr erlebt, also die Erfahrung eines Einser-Jahres, eines Zweier-Jahres und so fort bis zu einem 21er-Jahr.

Hier sind meine 21 natürlich subjektiv gefärbten Deutungsvorschläge. Dies ist ein anderer Zugang zur Geburtstags-Jahreszahl als die einfache Reduzierung der Geburtstagszahl auf eine einstellige Ziffer zwischen 1 und 9 oder zwischen 1 und 12.

Deutungshinweise zur laufenden Geburtstags-Jahreszahl

Die folgenden Deutungen gebe ich bewusst in der Du-Form, da sich dadurch ihre Eindringlichkeit und Individualität besser zu offenbaren scheint.

1 Ein Jahr, in dem der Weltgeist, die Umstände und deine persönliche Lebensenergie einen echten Neubeginn fördern. Du erkennst deine Ressourcen, Talente und Reserven besser und gelangst in deine eigene Kraft. Es geht jetzt darum, dass du im Außen tätig bist. Du kannst ungewohnte Pläne fassen, neue Mittel und Wege erproben, deine Lebensziele für die überschaubare Zukunft abstecken.

2 Jetzt sind die sogenannten weiblichen Fähigkeiten und Kräfte gefragt, die man zu Unrecht meist als schwach oder zumindest schwächer ansieht und insofern unterschätzt. Unscheinbare Sensibilität und intuitive Einsicht in größere Zusammenhänge spielen in diesem Jahr eine besondere Rolle. Lebensfreude ergibt sich durch Genuss der schönen Seiten des Lebens wie Musik, Kunst, Kultur und Erleben der Natur.

3 Es geht um Teamwork, um gute Verbindungen mit anderen Menschen, um den Blick auf das Gemeinsame. Im Beruf und in Beziehungen gibt es jetzt schöne Erfolge und einen neuen Aufschwung, wenn du die Bereitschaft entwickelst, aus unterschiedlichen oder sogar gegensätzlichen Standpunkten etwas Neues zu bauen, was allen Beteiligten gerecht wird und sie vorwärtsbringt.

4 Was du bisher geschaffen und erreicht hast, solltest du in diesem Jahr festigen und absichern. Dazu brauchst du geistige Klarheit, klare Prinzipien, eine ordentliche Planung und den Entschluss, kraftvoll für das einzutreten, was dir wichtig ist. Dies ist ein »Arbeitsjahr«, in dem du einen großen Einsatz leisten solltest, um dir etwas Dauerhaftes und Werthaltiges aufzubauen. Auch rechtliche Aspekte sind dabei wichtig.

5 Unabhängigkeit, Selbstständigkeit, freie Gedanken, eigene Entscheidungen, neue Ideen, Entdeckungslust, vielversprechende Pläne, enthusiastische Aktivitäten – das sind einige der wesentlichen Möglichkeiten und Chancen dieses Jahres. Für wen Veränderung und Eigenverantwortung eher eine Herausforderung oder gar ein Problem ist, der hat es dann nicht so leicht. Die anderen blühen regelrecht auf.

6 Dieses Jahr lädt dazu ein, sich um andere (und um sich selbst!) mehr zu kümmern, ganz gezielt mehr Raum für Harmonie und Wohlbefinden zu schaffen und es sich selbst und anderen gut gehen zu lassen. Empathie, ein Sinn für Fairness, Bemühung um Gemütlichkeit im Heim, Einsatz für sinnvolle neue Lernziele im Beruf und bewusste Gesundheitspflege durch richtige Bewegung, Atmung und Ernährung bringen Erfüllung.

7 *Vision Quest,* also eine »Visionssuche«, eine spirituelle Öffnung für neue Wege und Ansichten, für ungewohnte Weltbilder und Sinnangebote bringen dich in diesem Jahr entscheidend weiter in deiner spirituellen Entwicklung. Natürlich gibt es in solchen Zeiten nicht nur Spirit und Sinnsuche, sondern auch Liebe, Familie, Beruf und so weiter bleiben wichtig. Aber magische Reise, Meditation, Yoga sind jetzt besonders fruchtbar.

8 Potenziell sind Erfolg, Karriere, Geldzufluss mit dieser Zahl verbunden. Gleichzeitig jedoch auch Ausgleich, Balance, Annahme der Einsicht, dass es im Leben nie Stillstand gibt, sondern immer einen Fluss von Energien. Damit kann dieses Jahr auch mit sich bringen, dass du die Werte von Geld und Erfolg neu einordnen lernen musst und

dass es wichtiger sein kann, Erfüllung im Inneren als Erfolg im Außen zu haben.

9 »Im Leben sein, nicht vom Leben«, sagte Meister Eckhart. Dieses Jahr bietet die Chance, eine Gesamtschau auf das bisherige Leben vorzunehmen, zu überlegen, wie du dich auf den verschiedenen Ebenen von Körper, Geist und Seele entwickelt hast, welche Entwicklungsschritte du vollendest hast und welche noch vor dir liegen. Es ist ein Jahr, in dem die Gesamtheit des Mensch-Seins dein Leben erfasst und durchdringt.

10 Alle möglichen Arten von Durchbruch, Wiedergeburt, Rückkehr zum Ursprung und Neubeginn, Spiralbewegung zu einer höheren Ebene und dergleichen mehr warten auf dich in diesem Jahr. Wie die beiden Hände über zehn Glieder verfügen und so eine Ganzheit der Vielfalt symbolisieren, kann dieses Jahr ein Gefühl von Einheit und Ganzheit mit sich bringen, das eine ganz neue Dimension öffnet.

11 Du kannst deinen ganzen Idealismus ausleben, deine heimlichen (oder unheimlichen?) Wünsche hervorholen, dich Inspirationen hingeben, Eingebungen ... Das muss keineswegs so träume-

risch sein, wie es vielleicht klingt: Dies ist ein gutes Jahr für neue Erfindungen, für künstlerische Tätigkeiten, für visionäre Elemente, die den Alltag spannend und erfolgreich machen. Es prickelt wieder so richtig ...

12 Du bist mit dir und deinem Leben ganz zufrieden und hast dazu ja auch gute Gründe. Aber doch regt sich etwas in dir, das dich zieht oder anstößt, nicht stillstehen zu bleiben, dich nicht auf irgendwelchen Lorbeeren auszuruhen. Du spürst, dass du jetzt über den Tellerrand hinausschauen musst, dass du das Leben von einer völlig anderen Warte beobachten und einmal alles ganz anders machen solltest.

13 Ein Jahr der Prüfungen: Was hat Bestand und Wert und soll gepflegt und entwickelt werden, und was muss losgelassen werden, weil es überholt, alt und leblos geworden ist? Damit ist zugleich die Chance verbunden, neue Orientierung im Leben zu gewinnen und den Blick auf das zu richten, was wirklich Bestand haben wird: nicht die physischen Formen, sondern nur die Kräfte des Herzens und der Seele.

14 Ein 14er-Jahr bietet die Chance, durchzuatmen, sich zu sammeln und Bilanz zu ziehen,

wie die bisherigen persönlichen Beziehungen, die eigene spirituelle Entwicklung, das irdische Leben mit dem beruflichen Erfolg, Familienangelegenheiten und Freundschaften »unter einen Hut« gebracht worden sind. Der Mensch kann jetzt seine Engelnatur entfalten, die harmonische Verbindung und Einheit von Himmel und Erde.

15 An welchen Gewohnheiten hängst du besonders? Welche Rituale oder Überzeugungen sind dir im Alltag wichtig? Und welche dienen dir? Gibt es Abhängigkeiten oder irgendein »Suchtverhalten«, was dir nicht dient, sondern dich in deiner freien Entfaltung behindert? Dann nutze die Energien dieses Jahres, um neue, kreative Alternativen zu finden, um dich wieder ganz frei zu machen für dein schöpferisches Potenzial.

16 Ein Jahr des erhöhten Energie- und Kraftpotenzials für dich, in dem du radikale neue Einsichten gewinnen kannst, Geistesblitze erfährst, vielleicht auch unerwartete und unaufhaltsame Umbrüche der äußeren Lebensumstände. Es geht um Selbstüberwindung, Aufstehen nach plötzlichen »Stürzen«, um notwendige und nicht aufzuschiebende Veränderungsprozesse. Damit wird es auch ein Jahr der Heilung.

17 Kosmische Schwingungen erreichen uns in Jahren mit dieser persönlichen Geburtstags-Jahreszahl. Du bist offener für Inspirationen, die anscheinend aus heiterem (Sternen-)Himmel wie Sternschnuppen auf dich herniederregnen. Du spürst die Wahrheit des Adamus-Worts: »Alles ist in Ordnung in der gesamten Schöpfung.«* Sei bereit, selbst als Lichtträger von Weisheit zu wirken.

18 »Das ewig Weibliche zieht uns hinan«, heißt es im Chorus Mysticus am Ende von »Faust II« von Goethe. Es ist diese urweibliche Kraft, die Anima an sich, die deine Seele ins Innerste des Geheimnisses von Leben und Licht und Ewigkeit zieht. In diesem Jahr wirst du mit immer mehr Fasern deines Seins, wie in allen Zellen, empfinden und »speichern« können, dass es nur das Bewusst-Sein im Hier und Jetzt gibt.

19 Du fühlst dich, als ob du an einer Weggabelung stehst und dich entscheiden musst, in welche Richtung du durch dieses Leben weiterreisen sollst. Oder als ob du irgendwie gehemmt und blockiert wärest, und es jetzt einen entscheidenden

* »All is well in all of Creation«; aus »Meister der neuen Energie« von Adamus Saint-Germain, Ansata Verlag München; gechannelt von Geoffrey und Linda Hoppe.

Durchbruch braucht. Der ist in diesem Jahr absolut möglich – allerdings musst du Eigenverantwortung übernehmen und die ersten Schritte selbst tun.

20 Ein Jahr der Begegnung mit höheren Einsichten, der Erfahrung von eigenen inneren »höheren« Kräften – scien es mediale Fähigkeiten, sensitives Einfühlungsvermögen, innere Gespräche mit Licht- und Geistwesen, Engelkontakte oder ähnliches mehr. Du entdeckst deine Dreifachnatur als irdischer Mensch, als Lichtwesen oder Engel und als »göttliches Kind« oder als Funke und Teil der einzigen Einheit.

21 Mit 21 war früher in vielen Kulturen die Volljährigkeit gegeben. Energetisch ist beim ersten Mal, wenn die 21 als Geburtstags-Jahreszahl auftaucht, ein deutlicher Umbruch, das Ende eines Abschnitts und der Beginn eines neuen angesagt, das vor allem von außen auf einen zukommt. Beim zweiten Mal geht es um Prüfung der inneren Einstellung zum Leben; beim dritten Mal wird eine Ebene der bewussten Mitte erreicht.

Gern weise ich an dieser Stelle wieder einmal darauf hin, dass mit diesen Aussagen keineswegs die gesamte Qualität eines Jahres umfassend beschrieben werden sollte oder könnte. Natürlich gibt es viel »mehr«. Aber die numerologisch abgeleiteten Hinweise zeigen immerhin wesentliche Schwerpunkte an.

Ziele, Talente, Möglichkeiten und die Zahlen der Grossen Arkana im Tarot

Während wir bislang hier Anlagen, Umsetzung und Quintessenz beim Thema Talente und Stärken meist nur mit den Zahlen 1 bis 12 behandelt haben, bieten die sogenannten Tarot-Zahlen von 1 bis 21 eine weitergehende Differenzierung, wie eben ja schon zu sehen war. Diese Zahlen von 1 bis 21 als Zahlen der Hauptkarten im Tarot sind oft auf verblüffende Weise aufschlussreich. Dieser Abschnitt hier führt nicht nur die Deutung der Zahlen im Hinblick auf Talente und Stärken von 1 bis 12 weiter, sondern ergänzt auch das, was im Kapitel 9 über »Zahlen und Tarot« später noch ausführlich dargestellt wird.

Die Karte 0 = *Der Narr* wird hier nicht mit einbezogen, weil die 0 symbolisch für den Menschen steht, der entweder ganz am Anfang oder ganz am Ende der Seelenreise steht, also entweder ein noch völlig »unbeschriebenes Blatt« darstellt oder in abgeklärter Weisheit nichts mehr mit der Welt zu schaffen hat, über sie hinausgegangen ist. Wie Meister Eckhart einmal sagte, ist er »in der Welt, nicht von der Welt«.

So errechnen Sie Ihre »Tarot-Zahl«

Sie addieren die Zahlen Ihres Geburtstages, des Geburtsmonats und des (gebräuchlichen oder gewählten) Vornamens und reduzieren diese zu Quersummen zwischen 1 und 21. Das entspricht dem, was wir weiter oben als Quintessenz errechnet haben.

Erneut ein Beispiel. Ein Mann heißt Norbert und ist am 27.11. geboren.

Norbert = 5 + 6 + 9 + 2 + 5 + 9 + 2 = 38 oder 3 + 8 = 11. Wir bleiben bei 38.

27.11. = 2 + 7 + 1 + 1 = 11 oder 1 + 1 = 2. Wir bleiben der Einfachheit halber bei 11.

38 + 11 = 49. 49 ist größer als 21, also reduzieren wir weiter auf 4 + 9 = 13. Da uns hier 21 Zahlen zur Deutung zur Verfügung stehen, reduzieren wir nicht weiter auf eine einstellige Zahl, die 4, sondern bleiben bei der 13.

Deutung für Ziele Deutung für Talente

1 Verfügbare Mittel tatkräftig anwenden Kreativität, Kommunikation

2 Inneres Wissen sammeln und wirken lassen Intuition, Weisheit

3 Wachstum und Fruchtbarkeit, Fürsorge, Liebe

4 Führungskraft entwickeln, Vertrauen in die eigene Kraft

5 Spirituelle Selbstverwirklichung, aufrichtige Suche

6 Begegnung und Vereinigung, Beziehungsfähigkeit entwickeln

7 Aufbruch und Erfolg, Entscheidungen ausführen

8 Ausgleich und Gerechtigkeit, Realitäten anerkennen

9 Raum für sich selbst schaffen, inneres Glück erfahren

10 Wandel und Schicksal annehmen, im Fluss des Lebens sein

11 Lebensbejahung, Selbstermächtigung, Einssein mit allen Kräften

12 Lebensentwürfe prüfen, Aufgabe alter Muster, Umkehr

13 Loslassen lernen, Vergehen und Neuwerden

14 Himmel und Erde verbinden, ganzheitliche Integration

15 Lebenslust und Sehnsüchte ausleben, Kraft des Eros

16 Befreiung und grundlegende Erneuerung, Wiederaufbau

17 Vertrauen in die Geistige Welt leben, immer neue Hoffnung

18 Illusionen der Welt überwinden, wahrhaftige Entscheidungen

19 Schöpferische Manifestation, lichtvolle Vitalität

20 Öffnung für Wunder, Heilung ohne »Logik«

21 Ganzheit von Mensch, Leben und Welt, eigene Mitte finden

Zahlen und Lottoglück

Eine Bemerkung zu einem populären Thema. Auch wenn das jetzt einige Leser und Leserinnen vielleicht enttäuscht: Mit Numerologie ist meines Wissens nach noch niemand Lottomillionär geworden oder hat den Jackpot bei »Euromillionen« geknackt. Wenn sich Glückszahlen, Glückstage und Glücksmethoden per Numerologie berechnen ließen, wären die Casinos weltweit längst pleite, und es gäbe keine staatlichen Lotterien mehr. Sorry.

Ich persönlich habe mithilfe astrologischer Berechnungen zwar schon mehrfach »günstige Tage« für mich selbst errechnet und dann tatsächlich häufiger wirklich etwas gewonnen – allerdings nur kleinste Beträge. Es steht nämlich auch im Horoskop nicht drin, dass und wann man haufenweise Geld »scheffeln« könnte.

Das alles heißt aber nicht, dass man nicht Spaß dabei haben könnte, beim Lotto zu tippen. Es bedeutet nur, dass Sie sich kein *snake oil,* kein »Schlangenöl«, aufschwatzen lassen sollten, also kein »absolut sicheres Gewinnsystem« auf irgendeiner Basis. Sei es nun Zahlenmystik, Sternenzauber, Schneeballsysteme oder Schenkkreise …

8

Zahlen und Astrologie

Die Zahlen der Tierkreiszeichen, Häuser, Planeten und Aspekte

Offensichtlich und allgemein anerkannt ist die Verbindung zwischen den zwölf Tierkreiszeichen und den zwölf Häusern zu den Zahlen von 1 bis 12. Diese Zahlen entsprechen demnach den Bedeutungen, die für die jeweiligen Tierkreiszeichen und Horoskophäuser vermerkt sind.

Schauen wir uns das einmal genauer an. Bitte beachten Sie, dass die Bedeutungen für die Zahlen teilweise stark abweichen von den bisher genannten – zum Beispiel bei der 6 und der 7. Das erklärt sich daraus, dass in der Astrologie der Kreis von 360° in zwölf gleiche Abschnitte geteilt wird und damit die gesamte Bandbreite von Bedeutungen nicht auf neun, sondern eben auf zwölf Zahlen aufgeteilt wird.

- Ihre **Tierkreiszeichen-Zahl** ergibt sich aus dem Tierkreiszeichen, in das Ihr Geburtstag fällt.

Wenn Ihr Geburtstag am 4. Juni ist, ist Ihr Tierkreiszeichen Zwillinge, und Ihre Tierkreiszeichen-Zahl ist dann 3 (siehe unten).

- Ihre **Häuserzahl** ergibt sich daraus, in welches Tierkreiszeichen Ihr Aszendent fällt. Wenn Ihr Aszendent Schütze ist, dann entspricht der Aszendent dem 9. Haus, und Ihre Häuserzahl ist 9.

Ein kleiner Exkurs für Astro-Fans

Im Horoskop sind das Zeichen Waage und das 7. Haus genau gegenüber des Geburtspunktes und markieren damit das »Du«, die Begegnung, Liebe, Partnerschaft und alle unmittelbaren persönlichen Beziehungen, auch zu Geschäftspartnern und so fort, während sonst die 2 die Begegnung und die 6 die Liebe symbolisiert.

Indirekt steckt aber auch im Zeichen Waage und im 7. Haus die 2. Wenn man den 360-Grad-Kreis durch 2 teilt, erhält man 180° oder eben die genaue Teilung des Kreises bzw. das »Gegenüber« des Ausgangspunkts.

Die Zahlen der Tierkreiszeichen und der Häuser

1

Tierkreiszeichen Widder: »Ich mache!« Dynamik, Durchsetzung, Tatkraft, Pioniergeist, Impulsivität, Ungeduld, Draufgängertum, Begeisterungsfähigkeit.
Erstes Haus: Ich, Selbstdarstellung, Erscheinungsbild, Eigenausdruck, Durchsetzung.

2

Tierkreiszeichen Stier: »Ich habe!« Sinnesfreude, Genuss, Realismus, Sicherheitsstreben, materielle Ausrichtung, Kraftreserven, Starrheit, Trägheit, Aufnahme.
Zweites Haus: Besitz und Werte, Talente, innere und äußere Substanz, Selbstwertgefühl, Mittel.

3

Tierkreiszeichen Zwillinge: »Ich kommuniziere!« Austausch, Beweglichkeit, Kontaktfreude, Neugier, Vielseitigkeit, Hunger nach neuen Reizen, Oberflächlichkeit, Anpassungsvermögen.
Drittes Haus: Nähere Umgebung, Nachbarn, Geschwister, kurze Reisen, Denkweise, Austausch.

4

Tierkreiszeichen Krebs: »Ich fühle!« Fürsorglichkeit, Anschmiegsamkeit, Fantasie, Schutzbedürfnis, Unselbstständigkeit, Launenhaftigkeit, Einfühlungsvermögen.
Viertes Haus: Heim, Heimat, Eltern, Vergangenheit, Familie, Innenleben.

5

Tierkreiszeichen Löwe: Lebensfreude, Selbstbewusstsein, Risikobereitschaft, Wärme, Kreativität, Eitelkeit, Selbstherrlichkeit, Beschützungsvermögen.
Fünftes Haus: Kinder, Kreativität, Freizeit, Spekulation, Liebhabereien, Erotik.

6

Tierkreiszeichen Jungfrau: »Ich analysiere!« Konzentration auf das Wesentliche, Nutzstreben, Arbeit, Vernunft, Gründlichkeit, Ordnungsliebe, Pedanterie, Kritik, Unterscheidungsvermögen.
Sechstes Haus: Arbeitsplatz, Alltag, Gesundheit, Dienst an anderen, Existenzgrundlagen.

7

Tierkreiszeichen Waage: »Ich gleiche aus!« Charme, Geselligkeit, Diplomatie, Harmoniestre-

ben, Ausgewogenheit, Bequemlichkeit, Konfliktscheu, Verbindungsfähigkeit.
Siebentes Haus: Du, Partnerschaft, persönliche Beziehung, Verträge.

8

Tierkreiszeichen Skorpion: »Ich engagiere mich!« Leidenschaftlichkeit, Transformationsprozesse, Instinkt, (Selbst-)Kritik, Extremismus, Defensive, Widerstandsfähigkeit.
Achtes Haus: Gemeinsamer Besitz und Verbindlichkeiten, Sexualität, Ich-Krise, Transformation.

9

Tierkreiszeichen Schütze: »Ich suche!« Idealismus, geistige Ordnung, Freiheitsstreben, Expansion, Arroganz, missionarischer Dogmatismus, Zielstrebigkeit.
Neuntes Haus: Neue Horizonte, Fernreisen, Überzeugungen, große Projekte, Bewusstseinserweiterung.

10

Tierkreiszeichen Steinbock: »Ich leiste!« Pflichtgefühl, Ehrgeiz, Belastbarkeit, Ausdauer, Starrköpfigkeit, Härte, Verantwortungsbewusstsein.
Zehntes Haus: Beruf, Karriere, Autorität, Anerkennung, Position, Prestige, Vorgesetzte.

11

Tierkreiszeichen Wassermann: »Ich finde!« Ideenreichtum, Originalität, Reformbestrebungen, Provokationslust, Realitätsferne, Kühle, Individualismus.
Elftes Haus: Freundeskreis, Gruppen, Reformen, Gemeinschaftssinn, Zukunftsvorstellungen.

12

Tierkreiszeichen Fische: »Ich glaube!« Hilfsbereitschaft, Hingabe, Medialität, Mystik, Beeinflussbarkeit, Illusionen, Suchtgefährdung, Einfühlungsvermögen.
Zwölftes Haus: Innenwelt, Glaube, Fantasie, Meditation, Allein-Sein, Verborgenes.

Die Planetenzahlen

Die Zuordnung von Planeten zu Zahlen ist und bleibt umstritten. Ich biete Ihnen hier meine Einschätzung an. Prüfen Sie aber bitte selbst, ob etwas für Sie stimmig ist und was es ist.

Die Planetenzahlen ergeben sich aus

- dem Planeten, der in Ihrem Horoskop am höchsten steht,
- Ihrer Geburtszahl (Quersumme aus Ihrem Geburtsdatum) oder
- Ihrem Lieblingsgestirn, zu dem Sie sich am meisten hingezogen fühlen.

Wenn in Ihrem Horoskop zum Beispiel der Uranus an der höchsten Stelle steht, dann ist die Bedeutung der Planetenzahl des Uranus für Sie wahrscheinlich recht aufschlussreich.

Wenn die Quersumme aus Ihrer gesamten Geburtszahl eine 6 ergibt, dann ist die Planetenzahl des Jupiter für Sie von Interesse.

Wenn Sie am liebsten den Mond oder die Venus am Himmel sehen und sich von ihnen angezogen fühlen, dann schauen Sie bei den Planetenzahlen von Mond oder Venus nach.

1 Sonne

Die Sonnen-Einser entfalten sich selbst und drücken ihren Lebenswillen auf ganz natürliche, herzliche und bestimmte Weise aus. Sie müssen lernen, andere Menschen mit ihrer Kraft nicht zu »überrollen«.

2 Mond

Die Mond-Zweier vertrauen ihren Gefühlen, suchen und finden ihren eigenen Rhythmus und müssen lernen, sich mit dem stetigen Wechsel und Wandel des Lebens »anzufreunden«.

3 Merkur

Die Merkur-Dreier sind immer auf der Suche nach neuen Informationen, sie wollen sich ausdrücken und austauschen; ihre Lektion besteht darin, den Sinn hinter dem menschlichen Wissen zu finden.

4 Venus

Die Venus-Vierer möchten Liebe und Leidenschaft, Harmonie und Entspannung zum Fundament ihres Lebens machen; sie müssen lernen, dass Liebe und Kunst fließen, sich immer wandeln und in einer zu festen Form nur erstarren würden.

5 Mars

Die Mars-Fünfer bringen vollen Einsatz, um ihre Ziele anzusteuern, mit Wagemut und Begeisterung. Sie müssen lernen, ihre Ungeduld zu zügeln und ihre Aktionen vor Entscheidungen sorgfältig zu prüfen.

6 Jupiter

Die Jupiter-Sechser suchen nach Sinn und wollen ihr Bewusstsein erweitern. Dazu überschreiten sie äußere und innere Grenzen. Ihre Lektion besteht darin, ihre Wahrheiten nicht zu verabsolutieren.

7 Saturn

Die Saturn-Siebener sind bereit, Verantwortung zu übernehmen, Prioritäten zu setzen und etwas zu leisten; sie müssen lernen, sich selbst und andere nicht zu sehr einzuschränken.

8 Uranus

Die Uranus-Achter wollen sich verändern, Neues unternehmen und vor allem offen und in ständiger Bewegung sein, um nichts im Leben zu versäumen; sie müssen lernen, zumindest einen geistig-spirituellen Halt zu gewinnen.

9 Neptun

Die Neptun-Neuner ziehen sich gern zurück, lassen die Dinge von selbst geschehen und hängen ihren wundervollen Träumen nach oder meditieren; sie müssen lernen, dass jeder Mensch mit seinem freien Willen auch aktiv eigene Entscheidungen über sein Erdenleben treffen muss.

10 Pluto

Die Pluto-Zehner leben eine »äußere Sonnenkraft«; sie spüren enorme Kräfte in sich, die sie kreativ gebrauchen können. Ihre Lektion ist, Machtansprüche zu überprüfen, bereit zu werden, loszulassen und die großen Kräfte für ein höheres Ideal einzusetzen.

11 Aufsteigender Mondknoten (»Drachenkopf«)

Die Mondknoten-Elfer sind bereit, neue Aufgaben anzunehmen und ihr Leben einem Sinn unterzuordnen. Diese Meisterzahl signalisiert, dass es meisterlicher Führung bedarf, um die Lebensaufgabe zu finden. Es geht also darum, zur eigenen Meisterschaft zu erwachen, die »Meisterpolung« in sich zu entwickeln.

12 Absteigender Mondknoten (»Drachenschwanz«)

Die Mondknoten-Zwölfer haben damit zu tun, alte Probleme und angehäuftes Karma aufzulösen. Das kann nur dann gelingen, wenn sie aus der Polarität von Ich und Du, von Geist und Materie, von Mensch und Tod, von Erde und Kosmos herausfinden zur schöpferischen Lösung. Auch hier geht es wie beim »Drachenkopf« darum, zur eigenen Meisterschaft zu erwachen.

Astrologische Aspekte und Zahlen

Am offensichtlichsten wird der Zusammenhang zwischen Astrologie und Zahlen bei den sogenannten Aspekten. Das sind Konjunktionen, Oppositionen, Trigone, Quadrate, Sextile und so fort. Aspekte entstehen durch die Teilung des Kreises von 360° durch die Zahlen 1, 2, 3 und so weiter.

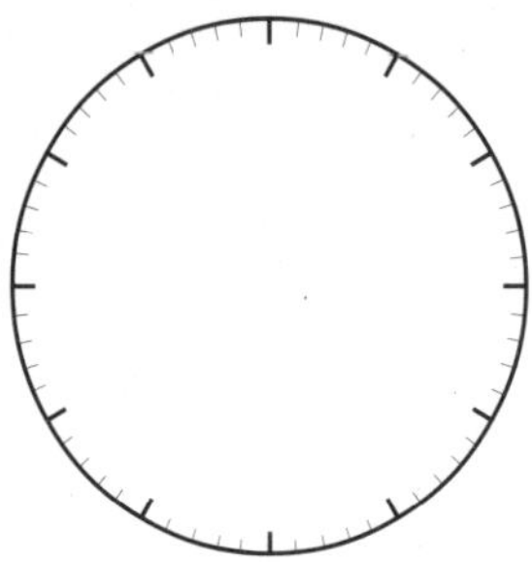

360° ÷ 1 = 360° = Konjunktion
360° ÷ 2 = 180° = Opposition
360° ÷ 3 = 120° = Trigon
360° ÷ 4 = 90° = Quadrat
360° ÷ 5 = 72°° = Quintil
360° ÷ 6 = 60° = Sextil
360° ÷ 7 = etwa 51,43° = Septil
360° ÷ 8 = 45° = Oktil bzw. Halbquadrat
360° ÷ 9 = 40° = Nonil (oder Nonagon)
360° ÷ 10 = 36° = Dezil

360° ÷ 11 = etwa 32,27° = Undezil
360° ÷ 12 = 30° = Halbsextil

Man kann die Bedeutung zumindest einiger dieser **Aspektzahlen** sogar körperlich und psychologisch erspüren. Probieren Sie das bei einigen Zahlen ruhig erst einmal aus, bevor Sie meine Erklärungen zu den Zahlen lesen. Dann haben Sie ganz eigene Empfindungen, wie eine Zahl »wirken« kann.

Probieren Sie also aus, wie sich die Zahlen 1, 2, 3 und 4 »anfühlen«. Man kann aus den geometrischen Entsprechungen der Zahlen zur Gesamtheit des Kreises nämlich auch unmittelbare Gefühlsqualitäten ableiten – und genau das wendet die astrologische Aspektlehre praktisch an.

Schauen wir uns dann einmal die grafische Darstellung der Aspekte an. Dabei geht es immer darum, durch welche Zahl von 1 bis 12 der Kreis von 360° geteilt wird. Anders gesagt: Welchen besonderen Aspekt der vollkommenen Ganzheit und Einheit des Kreises hebt eine bestimmte Zahl auf ganz einzigartige Weise hervor? Wieder anders: Welcher Aspekt steht im Vordergrund und im Mittelpunkt, wenn man die Ganzheit und Einheit in Beziehung zu einer speziellen Zahl setzt?

1

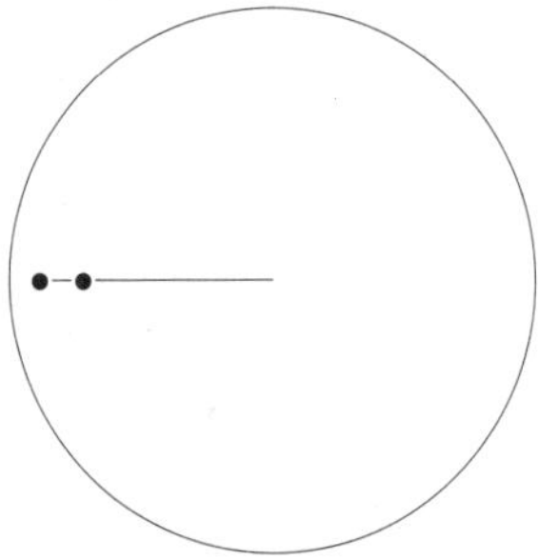

Die 1 entspricht dem Aspekt der Konjunktion.

Das bedeutet, dass zwei Dinge so eng beieinanderliegen bzw. zwei Menschen so dicht nebeneinanderstehen, dass »kein Blatt« zwischen sie mehr passen würde, wie Politiker manchmal von sich und ihren Parteifreunden behaupten. Die Konjunktion ist ein Spannungsaspekt, dessen Spannung man selbst gut nachempfinden kann.

Die 1 besitzt zweierlei Wesen, je nachdem, ob jemand ganz allein ist oder zwei eine Einheit bilden.

Zunächst die 1 als Konjunktion von zwei Elementen. Stellen Sie sich vor, dass Sie Hand in Hand mit einem anderen Menschen gehen, ganz dicht, Schulter an Schulter. Wenn Sie den anderen Menschen mögen – wunderbar. Was aber, wenn er Ihnen herzlich zuwider ist? Wie fühlt sich diese »Konjunktion« dann für Sie an? Richtig, es kommt alles ganz darauf an, ob Sie den Menschen mögen oder nicht.

Nun die 1 als wirklich einziges, isoliertes Element. Stellen Sie sich vor, dass Sie ganz allein auf weiter Flur sind in einem Gebiet, das Ihnen völlig neu ist – vielleicht in einem Wald oder in einer Ödnis. Sie sind ganz auf sich allein gestellt, Sie sind *allein* und *alleins*. Sie müssen die Einser-Qualität des Aufbruchs aktivieren.

2

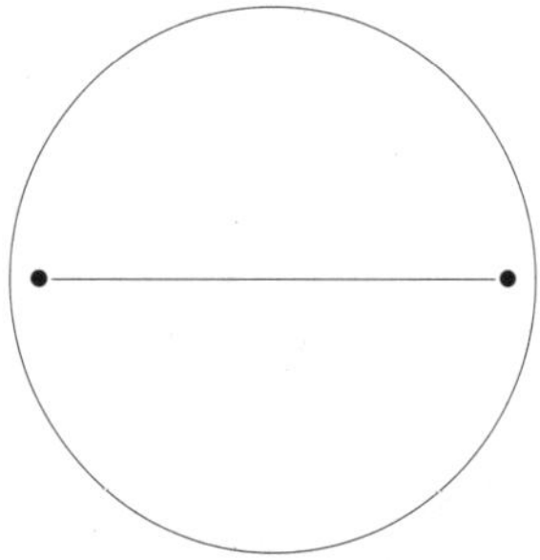

Die 2 entspricht dem Aspekt der Opposition.

Das können zwei Menschen sein, die sich in einem Eisenbahnabteil exakt gegenübersitzen und – wenn sie nicht seltsam nur in ihre Zeitung oder zu Boden starren – deshalb gewollt oder ungewollt den direkten Blickkontakt aufnehmen müssen. Sei es auch nur, um *Guten Tag* zu sagen und sich eine gute Fahrt zu wünschen.

Wenn Sie einem Menschen die Hand schütteln, noch besser: wenn Sie ihn umarmen ... Wie fühlt sich das an, jemandem genau gegenüber zu sein?

Ein Boxkampf ist eine 2, eine Opposition, eine innige Umarmung, ein Wettkampf im Tauziehen.

Ähnlich wie bei der 1 kommt alles darauf an, ob uns der andere sympathisch ist oder eher nicht.

3

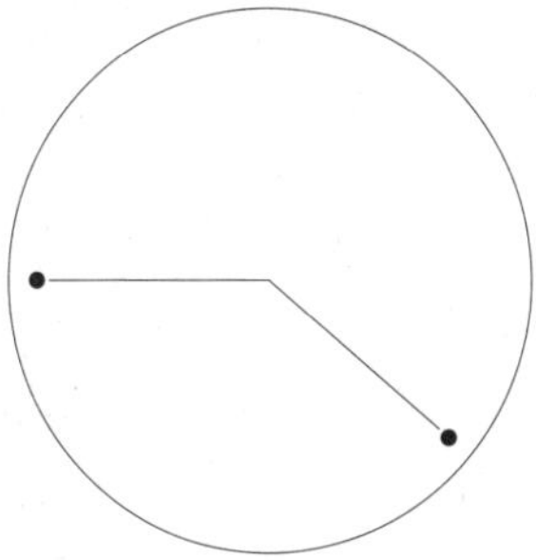

Die 3 entspricht dem Aspekt des Trigons.

Machen Sie die Probe aufs Exempel. Setzen Sie sich zunächst auf einen Stuhl einem anderen Menschen direkt gegenüber, ohne einen Tisch dazwischen. Wie fühlt sich das an?

Nun nehmen Sie eine dritte Person dazu, und Sie setzen sich wie in einem Kreis zu dritt so hin, dass jeder vom anderen ziemlich gleich weit entfernt ist.

Ist das nicht viel entspannter, lockerer, weniger »zwingend«?

4

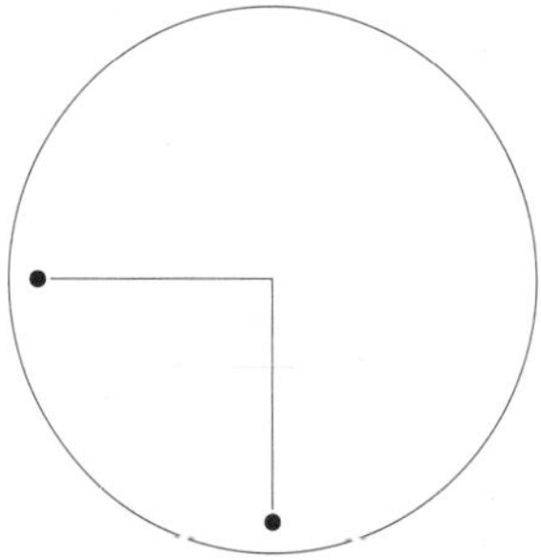

Die 4 entspricht dem Aspekt des Quadrats.

Setzen Sie sich einmal mit drei anderen Menschen an einen rechteckigen Tisch, und zwar so, dass sich jeweils zwei ansehen können, die einander gegenübersitzen. Und versuchen Sie dann, wirklich nur die Person anzusehen, die Ihnen genau gegenübersitzt. Sie werden bemerken, dass es eine eigentümliche Spannung gibt, weil sich zwei Energielinien kreuzen – die Blickkontakte von jeweils zwei Personen. Das kann körperlich regelrecht unangenehm werden.

Probieren Sie dann aus, wie es sich anfühlt, wenn Sie zwar auf demselben Stuhl sitzen bleiben, aber sowohl den Körper als auch Hals und Kopf etwas aus der genauen Achse zum jeweiligen Gegenüber drehen. Das wird sich für die meisten Menschen weniger gespannt anfühlen.

Man könnte auch ausprobieren, wie sich die 5 und die 6 und so fort anfühlen und dazu Gedanken ausführen, das wird aber im Rahmen dieses Buches zu viel. Zumindest ist jedoch die Ansicht der grafischen geometrischen Teilung des Kreises von 360° durch die weiteren Zahlen für solche Menschen ganz aufschlussreich, die einen eher visuellen Zugang zu Einsichten haben. Deshalb hier auch die Darstellungen zu den Zahlen 5 bis 12 im Verhältnis zum Kreis.

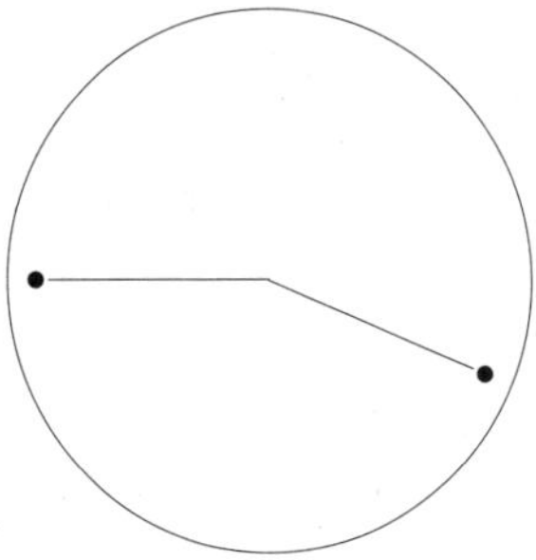

5 **Quintil**

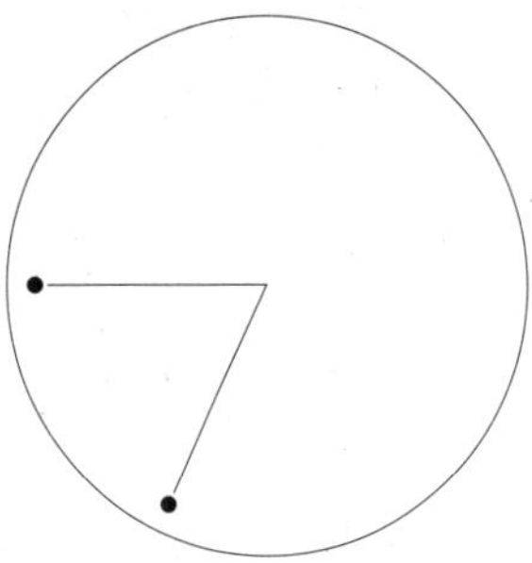

6 **Sextil**

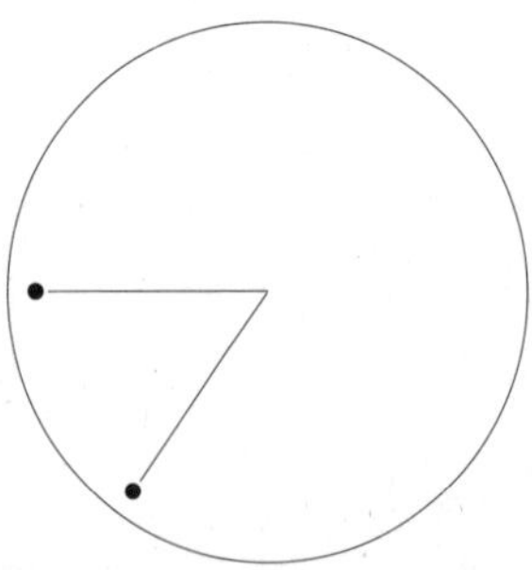

7 **Septil**

8
Oktil
bzw. Halbquadrat

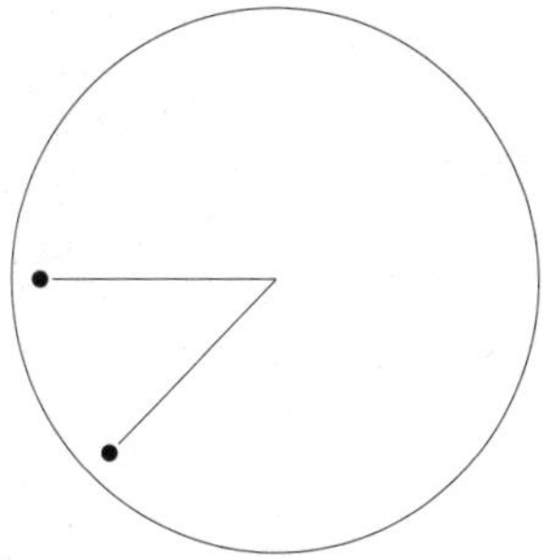

Novil 9

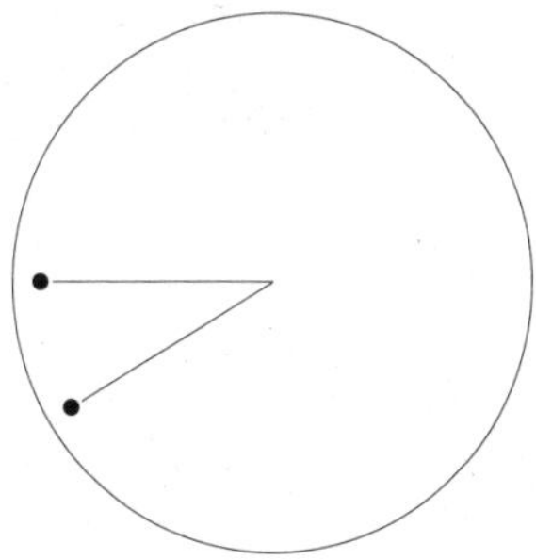

Dezil 10

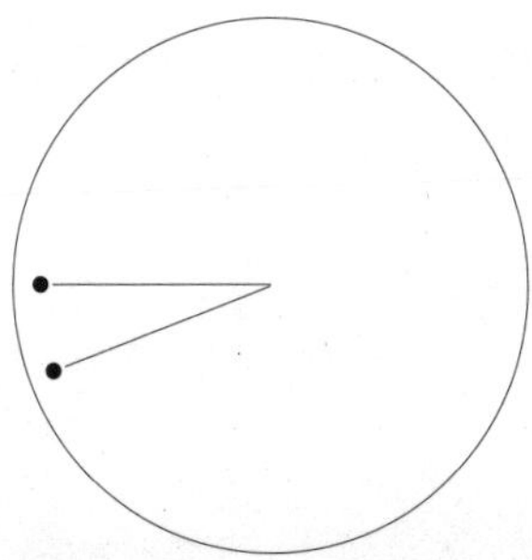

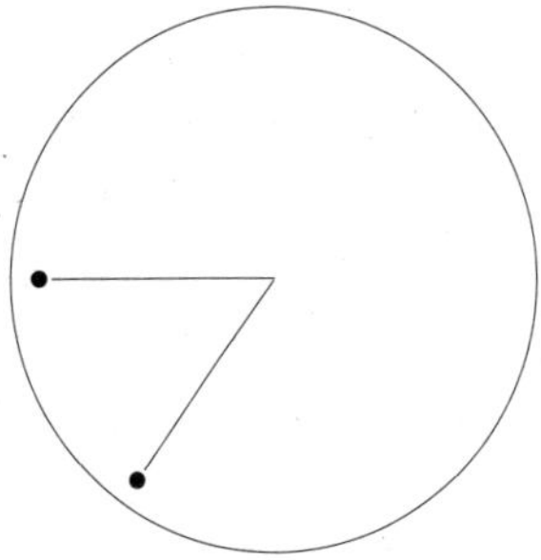

11 Undezil

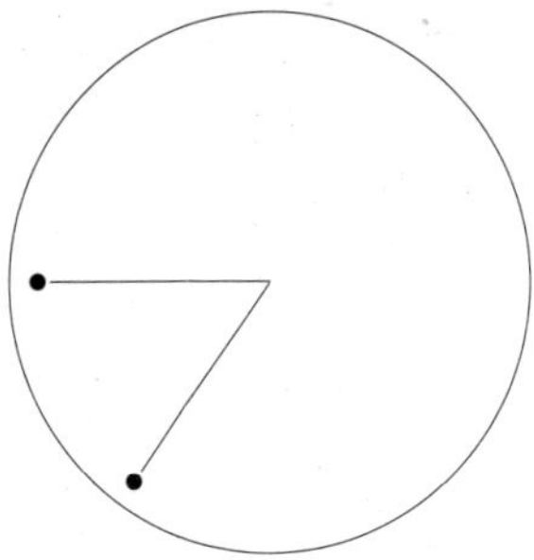

12 Halbsextil

Schlüsselworte zur Deutung der Zahlen hinsichtlich der astrologischen Aspekte*

Nun noch zu einigen weiteren Schlüsselworten zu den Zahlen von 1 bis 12, die über das bisher Gesagte hinausgehen und eine zusätzliche Einsicht zur Bedeutung von Zahlen anbieten – im Hinblick auf die astrologischen Aspekte und wie die Zahlen 1 bis 12 diese Aspekte bilden, indem man den Kreis der Ganzheit von 360° durch diese Zahlen teilt.

1: Ursprung, Ausgangszustand, Einheit, Beginn
2: Veräußerlichung, Trennung, Spannung und Bewusstheit
3: Beziehung, Verstehen, Wachstum, Ausgeglichenheit
4: Konkrete Manifestation und Verwirklichung von Beziehung
5: Individualisierte Tätigkeit und Ausdrucksfähigkeit
6: Entfaltung, Zeit, Harmonie, Produktivität
7: Unberechenbare zyklische Entwicklung des Lebens

* Ich halte mich hier überwiegend (bei 2 bis 10), aber nicht nur, an die Vorschläge von Michael R. Meyer, einem humanistischen Astrologen. Siehe auch sein Buch »A Handbook for the Humanistic Astrologer«. Dort finden Sie einen noch tiefer gehenden Ansatz zu den Zahlen aus der Sicht der anfangs schon erwähnten Pythagoreer, wie ihn Meyer beschrieben hat.

8: Ausgeprägte Individualität, intensive Aktivität
9: Spirituelle Sicht von Beziehung und Verstehen
10: Vollendung und Unbegrenztheit
11: Erwachen und Entwicklung von Meisterschaft
12: Gelassenheit im Bewusstsein des ICH BIN

9

Zahlen und Tarot

Die Zahlen der 22 Großen Arkana
Zahlengeheimnisse im Tarot

Diese Übersicht soll Ihnen eine erste kleine Hilfestellung zu eigenen Assoziationen, Analogien und Gedankenverbindungen geben, wie die Archetypen oder Urbilder des Tarot sich auf die Zahlen von 0 bis 21 beziehen. Damit haben Sie also eine weitere Deutungsmöglichkeit für diese Zahlen.* Die unterschiedlichen Bezeichnungen beziehen sich auf verschiedene Kartendecks.

Ihre persönlichen Tarotzahlen finden Sie zum Beispiel,

- indem Sie aus den großen Arkana eine Karte ziehen oder
- über die Quersumme Ihrer Namenszahl.

* Es gibt im Kindle-Amazon-Shop mein E-Book mit dem Titel »Tarot-Deutung leicht gemacht« sowie ein neues Tarot-Deck, das Tarot-Deutungen stark vereinfacht; siehe auch Webseite www.wulfingvonrohr.info.

0 Der Narr, Die Narren

Positiv: Freiheit, Ungebundenheit, Weisheit, Erleuchtung
Negativ: Verantwortungslosigkeit, Torheit, Bindungsunfähigkeit

1 Der Magier

Positiv: Kreativer Umgang mit Kräften, Aufbruch zur Bewusstwerdung, schöpferisches Leben
Negativ: Selbstsüchtige Motive, Scharlatanerie, magische Manipulationen, Missbrauch von Kräften

2 Die Hohepriesterin, Die Päpstin

Positiv: Verinnerlichung und Öffnung für die Seelenkräfte der Anima. »Das ewig Weibliche zieht uns hinan!« (Goethe, »Faust II«)
Negativ: Verschleierung und Mystifizierung der eigenen Natur

3 Die Herrscherin, Die Kaiserin, Die Urmutter

Positiv: Mütterlichkeit, reife Weiblichkeit, Mitgefühl
Negativ: Übertriebene Fürsorglichkeit, als Liebe verkleidete Dominanz

4 Der Herrscher, Der Kaiser, Der Urvater

Positiv: Ordnung, Schutz, Gerechtigkeit, Sicherheit, reife Männlichkeit
Negativ: Machtanspruch, Herrschsucht, Despotismus, Erstarrung

5 Der Hierophant, Der Hohepriester, Der Papst, Der Meister

Positiv: Ethik, Moral, Religiosität, Spiritualität
Negativ: Fanatismus, Dogmatismus, sinnentleerte Rituale

6 Die Liebenden, Die Entscheidung

Positiv: Erotische Anziehungskraft und Sinnlichkeit, Liebe, Entscheidung zu einer echten Partnerschaft
Negativ: reine Sexualität ohne Liebe, Genusssucht, Oberflächlichkeit, Renommiergehabe

7 Der Wagen, Der Siegeswagen, Das Gefährt

Positiv: Konsequenzen des persönlichen Einsatzes und der eigenen Entscheidungen, Gemeinschaftsbindung
Negativ: Konfrontation mit Karma, Überheblichkeit, spirituelle Blindheit

8 Die Gerechtigkeit, Der Ausgleich

Positiv: Bilanz ziehen, zur eigenen Mitte finden
Negativ: Unentschlossenheit

9 Der Eremit, Die Suchenden

Positiv: Zeit der Ruhe und Innenschau, Suche nach Sinn
Negativ: Abkapselung, Weltflucht

10 Das Rad des Schicksals, Das Glücksrad, Fortune

Positiv: Neuer Zyklus, das stetige Werden, Bestehen, Vergehen und Neuwerden, das Gesetz des Karmas
Negativ: Blinde Jagd nach kurzfristigem oder oberflächlichem Glück

11 Die Kraft, Stärke, Die Lust, Der Höhepunkt

Positiv: Kreativität, die sanfte und unwiderstehliche Kraft der Anima, Ausrichtung auf höchste Ideale
Negativ: Beschränkung auf körperliche Lust, Suchtmuster

12 Der Gehängte, Kopfüber

Positiv: Völlig neue Lebensperspektiven, Auseinandersetzung mit anderen Blickpunkten
Negativ: Mangel an festem Boden unter den Füßen, unfreiwilliges Opfer von Umständen

13 Der Tod, Die Verwandlung

Positiv: Auflösung alter, überholter oder erstarrter Formen, Chance für Neubeginn, Abschied
Negativ: Angst vor Wandel, Widerstand gegen Veränderung und Abkehr von nicht mehr lebensfähigen Strukturen

14 Mäßigkeit, Das Maß

Positiv: Ausgleich geistiger und körperlicher, spiritueller und materieller Energien, Harmoniestreben, Kunst
Negativ: Selbstgefälligkeit, Oberflächlichkeit

15 Der Teufel, Die Verstrickung

Positiv: Einsicht in die Notwendigkeit von Gnade, Segen und Erlösung der Seele vom Ego durch eine höhere Macht
Negativ: Suchtverhalten, psychische Abhängigkeit, alte karmische Muster und »Fallstricke«

16 Der Turm, Das Haus Gottes, Der Blitz

Positiv: Scheinbar von außen kommende plötzliche Veränderung der Lebensumstände, Befreiung
Negativ: Unwillen, Gefängnisse zu verlassen oder Masken abzunehmen

17 Der Stern, Die Hoffnung

Positiv: Harmonie durch Empfänglichkeit für höhere geistige Kräfte
Negativ: Selbstzufriedenheit

18 Der Mond, Die Sehnsucht

Positiv: Intuition, Medialität, Wunsch nach spiritueller Empfänglichkeit, Entfaltung der Seele
Negativ: schwärmerische Illusionen

19 Die Sonne, Die Erfüllung

Positiv: Irdisches Glück, Selbstverwirklichung, Stärkung der Persönlichkeit
Negativ: krasser Materialismus

20 Das Gericht, Auferstehung, Das Jüngste Gericht, Der Ruf

Positiv: Überprüfung des Lebens, geistige Wiedergeburt, spirituelle Neuorientierung
Negativ: Leugnung der eigenen Verantwortung

21 Die Welt, Die Schöpfung

Positiv: Verwirklichung des ganzen menschlichen Potenzials, Leben auf Gott hin
Negativ: Auflösung der Realitätsbezüge, spirituelle Bequemlichkeit

22 Seelenpartnerschaft

Diese Karte gibt es nur im »Tarot der Liebe«.
Positiv: Begegnung mit dem äußeren oder inneren Seelenpartner, Ausrichtung auf eine ideale Liebe
Negativ: Romantisierung von Beziehungen, Unwillen, Hintergründe und wahre Motive in Partnerschaften zu erkennen

Zahlengeheimnisse im Tarot

Eine vom Autor völlig neu entdeckte numerologische Besonderheit im Tarot enthält eine verblüffende spirituelle Botschaft: Wir wissen, dass die 22 Karten der Großen Arkana auch so etwas wie eine symbolische »Landkarte« des Lebenswegs von Menschen sein können. Wir finden auf dieser Landkarte Stationen der Entwicklung, archetypische Kräfte, allgemeingültige Erfahrungen und vielerlei mehr. Eine neuartige Möglichkeit, diese Landkarte zu lesen, möchte ich Ihnen an dieser Stelle vorstellen.

Diesen völlig neuen Ansatz habe ich bisher nur in einigen wenigen meiner Tarot- und Numerologie-Kurse einem doch eher kleinen interessierten Fachpublikum bekannt gemacht. In diesem Buch ist das also eine echte Premiere für eine große Öffentlichkeit!

Also: Vor einigen Jahren bin ich gegen drei Uhr nachts plötzlich aufgewacht und hatte deutlich vor Augen, dass es einen besonderen numerologischen Zusammenhang zwischen den einzelnen Karten der Großen Arkana und ihrer Summe gibt. Ich hatte ein Bild in einer »inneren Schau« erfasst und machte mich nun daran, mit Stift und Papier nachzurechnen, ob das nur eine nächtliche Fata Morgana sein sollte oder ein echter Durchbruch für das numerologische Verständnis der 22 Karten. Ich durfte feststellen: Eine wirklich gänzlich neue, faszinierende und aufschlussreiche Sicht hatte sich manifestiert. Ich teile sie hier gern mit Ihnen.

Der Narr trägt entweder keine Zahl oder die 0, wie im ältesten historisch gesicherten Tarot-Deck, dem *Tarot de Marseille*. Diese Karte steht für mich für den Menschen, der seine Lebensreise beginnt. (Übrigens halte ich von der überwiegend mit männlichen Bezeichnungen versehenen Benennung der Karten nicht viel. Manche sprechen vom »Helden«; das ist Unfug, es sei denn, man spräche im selben Atemzug auch von der Heldin. Selbstverständlich ist der Narr wie die meisten anderen Karten durchaus geschlechtsneutral.)

- **Die Null** ist das Individuum als »unbeschriebenes« Blatt, es ist der Mensch am Beginn der Lebensreise.

Die Welt (Das Universum, Das All oder ähnlich) trägt die Zahl **21**.

- Die **21** stellt hier den Endpunkt, den Höhepunkt, die Vollendung der Großen Arkana und damit der Lebensreise dar.

Behalten wir diesen Anfangs- und Schlusspunkt der symbolischen Lebensreise im Sinn, und schauen wir uns nun zunächst eine eigentümliche numerologische Reihung der anderen 20 Karten an. Schreiben wir diese 20 Karten mit ihren Zahlenwerten in ein Raster mit vier Zeilen zu jeweils fünf Zahlenwerten und addieren wir jeweils eine Zeile. Wir erhalten dann:

0: der unbewusste Mensch

1 + 2 + 3 + 4 + 5 = 15
6 + 7 + 8 + 9 + 10 = 40
11 + 12 + 13 + 14 + 15 = 65
16 + 17 + 18 + 19 + 20 = 90

Die Summe von 15 + 20 + 40 + 90 ergibt 210.

21: der bewusste Mensch

Wenn der unbewusste Mensch durch die Lebensreise mit ihren Erfahrungen, Herausforderungen, Prüfungen, Freuden, Leiden und Erfüllungen erwacht und bewusst wird, hat sich der isolierte **Einzelne** zur geheilten **Ganzheit** entwickelt bzw. sich als diese in seinem wahren Selbst erkannt.

Anders ausgedrückt und grafisch nachvollzogen:

1	2	3	4	5	**15**
6	7	8	9	10	**40**
11	12	13	14	15	**65**
16	17	18	19	20	**90**

Wenn sich die Null der 21 einordnet, entspricht diese Zahl 210 genau der Summe der Teilerfahrungen der 20 Phasen, Kräfte bzw. Schritte vom Beginn zur Vollendung!

In der 210 sind unter anderem enthalten:
- 0: das Undefinierbare
- 1: der Anfang, Aufbruch
- 2: die Manifestation, Begegnung
- 7: der zyklische Prozess des »Stirb und Werde« in Kosmos und Individuum (»Wie oben, so unten«), Folgen von Entscheidungen; »Karma« bzw. »Schicksal«

Ebenso sind in 210 enthalten die 3 und die 10, weil 3 x 10 = 30 x 7 = 210 ergibt. Neben 0, 1, 2 und 7 oben also auch 3 und 10:
- 3: Geist, spirituelle Evolution, Dreieinigkeit; schöpferischer Aufbau; das Neue und Dritte aus 1 und 2
- 10: Vollendung, Unendlichkeit, Grenzenlosigkeit, Durchbruch

Versuchen wir, noch tiefer in die Geheimnisse der Numerologie der Großen Arkana im Tarot einzusteigen. Finden wir in den vier Zahlenreihen mögliche Lebensphasen, von der Jugend bis zum Alter? Vermutlich eher symbolisch und idealtypisch, nicht unbedingt immer exakt und chronologisch. Bleiben Sie wach und spüren bzw. überlegen Sie, was für Sie stimmig und hilfreich erscheint und was Ihnen nicht so weiterhilft. Die Hinweise sind keine »Lehre«, sondern spiegeln einige meiner Forschungsansätze wider.

0: *Tabula rasa,* das »unbeschriebene Blatt«, ein noch wenig bewusstes Individuum

Erste Zeile, Grundlagen des Lebens und Überlebens:
- 1 Magier, Animus
- 2 Hohepriesterin, Anima
- 3 Herrscherin, Mutter-Archetypus
- 4 Herrscher, Vater-Archetypus
- 5 Hierophant, Hohepriester, Meisterschaft, eigene Selbstsuche

Zweite Zeile, Entwicklung der Persona, die Persönlichkeitsentfaltung:
- 6 Liebende, Kraft des Eros
- 7 Wagen, Erfolg und Manifestation
- 8 Gerechtigkeit, Entscheidungsdruck
- 9 Eremit, Gefühl des Allein-Seins
- 10 Rad des Schicksals, überpersönliche Wirkkräfte

Dritte Zeile, Zweifel und Fragen, die Prüfung des Egos:
- 11 Kraft, Erotik in der Verbindung zwischen Geist und Stoff
- 12 Der Gehängte, unfreiwilliger Sichtwechsel

- 13 Tod, Abschied von Altem
- 14 Mäßigkeit, Engel, Verbindung von Himmel und Erde
- 15 Teufel, Zwanghafte Bindungen

Vierte Zeile, Reifung der Seele, Besinnung auf Ganzheit und Einheit:

- 16 Turm, Eingreifen von »Außen«
- 17 Stern, höhere Sichtweise
- 18 Mond, Streben zum Licht
- 19 Sonne, Erfahrung von Einheit
- 20 Gericht, Ruf, Erwachen und Aufstieg
- 21: ganzes Selbst, erwachtes Bewusstsein, Einheitsbewusstsein, erfolgter »Aufstieg«, wiederholte »Erleuchtungserfahrungen«

0–21

21 + 0 = 210

1. Phase	Überlebens-grundlagen	1 + 2 + 3 + 4 + 5 = 15
2. Phase	Persönlichkeits-entfaltung	6 + 7 + 8 + 9 + 10 = 40
3. Phase	Infragestellun-gen	11 + 12 + 13 + 14 + 15 = 65
4. Phase	Verinnerlichung	16 + 17 + 18 + 19 + 20 = 90
		210

Betrachten wir eine andere Aufschlüsselung, nämlich die senkrechten Spalten der 20 Zahlen, nach den fünf Elementen und fünf Formen von Bewusstsein:

1. Spalte: Feuer – Unbewusstes
2. Spalte: Wasser – Unterbewusstsein
3. Spalte: Erde – Alltagsbewusstsein
4. Spalte: Luft – Traumbewusstsein
5. Spalte: Äther – Spirituelles Bewusstsein

Noch einmal als Tabelle:

1	2	3	4	5	**15**
6	7	8	9	10	**40**
11	12	13	14	15	**65**
16	17	18	19	20	**90**
					210

Die 21 repräsentiert das Universum, das Ende der Bewusstseinsreise und vor allem die Einheit des Menschen mit seinem Selbst und mit der Schöpfung.

Die 21 ist also insofern in den Karten der Großen Arkana ein Symbol der Ganzheit, der Einheit und der Bewusstheit. Man könnte indisch auch sagen: *sat chit ananda* = »Seins-Bewusstseins-Seligkeit«. Die 0 repräsentiert das Unfassbare, das Unnennbare, den »göttlichen Funken«, der sich zwar nicht »berechnen« lässt, aber sich durchaus in der Welt der irdischen Schöpfung manifestieren und seine Spuren hinterlassen kann. Die 0 muss zunächst die sichtbare Welt erleben, durchreisen und erfahren. Dann wird sie, indem sie sich der 21 anschließt, zum wesentlichen, integralen Bestandteil der 210 und damit eins mit einer übergeordneten Ganzheit und Heiligkeit, aus der sich die 0 nicht mehr herausdividieren lässt.

Neues Tarot, Tarot-Zahlen und Erwachen

In diesem Abschnitt finden Sie Inspirationen und Übungsvorschläge für 20 archetypische Phasen der Entwicklung der Persönlichkeit und ihre symbolischen Stufen des geistigen Erwachens.

0

Der Mensch an sich – am Anfang oder am Ende der Lebensreise

Der Narr

Das Wesen, das die Reise durch diesen Erdenleben unternimmt. *Tabula rasa,* so scheint es, anfangen bei null. Stimmt das wirklich so? Oder kommen wir schon mit etwas hierher? Wünschen, Erwartungen, Aufgaben? Atme ein, tief und ruhig, und entscheide dich für das Leben – gleich, was es bringt oder welche »Fehler« du meinst zu machen.

Es gibt nur einen einzigen Weg: deinen eigenen!
Du allein kannst deinen ganz eigenen Weg gehen. Alle anderen können dir Mut zusprechen, dir bisweilen helfen, aber gehen kann jeder von uns nur selbst.

1

Der handelnde Mensch
DER MAGIER

Die Welt draußen ist bunt. Es gibt dort Dinge und Kräfte. Sie locken mich, sie in die Hand zu nehmen und mit ihnen umzugehen. Ich kann sie aktiv einsetzen und ihre Eigenschaften kennenlernen. Ich erfahre, dass ich selbst schöpferisch tätig sein kann.

Ich erwache für die Magie der Kräfte auf Erden und erfahre, dass Kräfte dem Sinn oder einer Gaukelei dienen können.

2

Der verinnerlichte Mensch
DIE HOHEPRIESTERIN

Schleier, ein Hauch, eine Offenbarung: Auch innen ist etwas. Es gibt auch eine Innenwelt der Seele, der Anima. Stillehalten. Ruhe. Weisheit. Hier kann ich still empfinden, dass es eine andere Seite der sichtbaren Energien und Dinge gibt – die unsichtbare Schwingung, die in ihnen wirkt.

Ich erwache für die Kraft der Intuition und Weisheit im Inneren, die wirkt, auch ohne sich sichtbar auszudrücken.

3

Der schöpferische Mensch

Die Herrscherin, Die Kaiserin

Eine ganze Schöpfung darf ich hüten und nähren. Das Leben erblüht. Ich spüre meine mütterliche Kraft, die dem Leben Nahrung gibt, es zur Entfaltung bringt, trägt und hält und liebt. Ich spüre den Wunsch, Leben zu umsorgen und zu stärken. Bisweilen mag ich das als Überfürsorge empfinden.

Ich erwache für das Wunder von Geburt, Wachsen und Gedeihen, von Hege und Pflege und natürlicher Fülle.

4

Der ordnende Mensch

Der Herrscher, Der Kaiser

Die selbstverständliche, in sich ruhende Kraft des Animus bietet Schutz, Sicherheit, Ordnung, Struktur und fordert zu Disziplin, Gerechtigkeit und Klarheit in Denken und Entscheiden auf. Was manchen sichere Grundlage des Lebens ist, mögen andere als Begrenzung ansehen.

Ich erwache für die Notwendigkeit klarer Ordnung und großherzigen Schutzes und gebe diesem in mir Raum.

5

Der sinnstrebende Mensch

Der Hierophant, Der Papst

Nach der Erfahrung der ersten Bewusstseinsphasen meines Lebens halte ich jetzt inne, um nach einem roten Faden zu schauen, nach einem Sinn, der erklärt, woher ich komme und wohin ich gehe, warum ich diese und nicht andere Erfahrungen mache. Ich frage nach Zielen, Orientierung.

Ich erwache für die Suche nach Sinn und begebe mich auf den Weg zu Spirit – die Suche selbst bringt mich voran.

6

Der liebende Mensch

Die Liebenden

Ein erster überpersönlicher Sinn des Lebens wird deutlich: Lebensfreude aus der innigen Begegnung und dem intimen Austausch mit einem anderen Lebensträger. In den Augen des anderen spüre ich die Liebe von Spirit und den Wunsch nach transpersonaler Einswerdung.

Ich erwache für die lebendige Kraft der Begegnung und entscheide mich für Liebe und Lebensfreude.

7
Der erfolgreiche Mensch
Der Wagen, Der Siegeswagen

Der Augenblick vergeht, unsere Reise reiht Augenblick an Augenblick. Jetzt heißt es, irdische Ziele zu setzen und zu verfolgen und dem Wunsch nach Erfüllung entsprechende Handlungen folgen zu lassen. Keine Angst: Alles ist recht und stimmig auf deinem eigenen Weg.

Ich erwache für die Kraft der schöpferischen Verantwortung, mein Leben aktiv selbst zu gestalten.

8
Der abwägende Mensch
Gerechtigkeit

Ich finde in mir ein Gleichgewicht von Denken und Fühlen, Körper und Geist, Persönlichkeit und Spirit. Ich öffne mich für eine Betrachtung der Umstände und Personen des Lebens, die wach wahrnimmt, aber nicht verurteilt oder abwertet, und die dennoch klar und deutlich ist.

Ich erwache dafür, dass ich dem Leben und den Menschen nur dann gerecht werde, wenn ich auch mir selbst gerecht werde.

9
Der lichtvolle Mensch
DER EREMIT

Ich brauche Abstand vom Alltag, Distanz zur Umwelt, ein neues Spüren dessen, was mein inneres Wesen ist und ausmacht. Was mich im Leben wirklich trägt, bewegt, aufrecht und aufrichtig hält. Ich suche nach einer Quelle in mir, die nie versiegt. Ich finde eine sichere Ebene des Seins.

**Ich erwache für den Frieden der Seele
und das Licht der Liebe in mir und strahle es
natürlich, friedlich und absichtslos aus.**

10
Der gelassene Mensch
DAS RAD DES SCHICKSALS, DAS GLÜCKSRAD

Panta rhei – alles fließt. Nichts bleibt gleich. Der Fluss, in den wir hineinsteigen, ist nicht mehr derselbe, aus dem wir herauskommen. Entwicklung und Wandlung vollziehen sich, solange wir leben. Wenn dies aufhören würde, wäre Stillstand, Tod. Ich bin ein Teil des Flusses.

**Ich erwache in die Gelassenheit,
das Auf und Ab der Welt und des Lebens
ruhig anzunehmen.**

11

Der ekstatische Mensch

Die Kraft

Wenn ich mich auf das Leben einlasse und aus meiner inneren Kraft lebe, erfahre ich eine natürliche Energie, die alles zum Vibrieren bringt. Wenn meine Anima die Führung übernimmt, dann wird das Leben zu einem Tanz der Hochgefühle und der erfüllenden Erfahrungen.

Ich erwache für die Ekstase des Lebens,
lasse mich auf sie ein
und vertraue der inneren Kraft.

12

Der für Neues offene Mensch

Der Gehängte

Wer das Leben immer auf die gleiche Weise betrachtet und immer das Gleiche macht, wird immer wieder etwas sehr Ähnliches erfahren. Habe ich den Mut, einmal ganz anders zu schauen, zu spüren, zu handeln? Auch wenn damit alles wie auf den Kopf gestellt erscheint? Dafür ist jetzt Zeit.

Ich erwache für die Chance,
die eine völlig neue, ganz ungewohnte
Betrachtungs- und Handlungsweise bietet.

13

Der loslassende Mensch

Der Tod

Ich schaue mir meine Verhaftungen an, danke dafür, dass sie mir gedient haben, und löse mich von jenen, die mir nicht mehr dienen. Ich verabschiede sanft und gelöst, was gehen will oder was ich loslassen möchte. Damit schaffe ich Raum für Neues. Ich spüre auch in den Schmerz hinein.

Ich erwache für das, was mich über die Begrenztheit des Körperlebens in Zeit und Raum hinaus trägt und nehme beides, Begrenztheit und »das Andere«, aus ganzem Herzen an.

14

Der Mensch als Engel

Mässigkeit

Ein Engelhauch, ein Sphärenklang, und dabei doch mit beiden Beinen auf dem Boden diesen Planeten. Ich lasse durch mich das Elixier des Himmels, das Wasser des Lebens strömen und in mein Leben und meine Umwelt fließen. Ich bin bei mir und eins mit mir. Ich erfülle eine Aufgabe.

Ich erwache für meine eigene Engelnatur und lebe bewusst immer mehr aus dieser Schwingung.

15
Der gebundene Mensch
Der Teufel

Nein, ich bereue nicht zu versuchen, aus voller Kraft zu leben. Jetzt spüre ich mich ganz. Ich erfahre Dimensionen, die ich nicht gekannt oder verdrängt hatte. Eine pulsierende neue Kraft erfüllt mich mit schöpferischen Energien, Impulsen und drängt mich zur Ich-Verwirklichung.

Ich erwache für die kreative Kraft von Sexus und Eros und erlaube mir, sie zu erspüren und einzusetzen – auf eine freie Weise ohne Zwang oder Sucht.

16
Der befreite Mensch
Der Turm

Was ich aus eigener Kraft nicht geschafft habe, widerfährt mir nun: Befreiung, endlich. Und dabei habe ich manchmal nicht einmal gewusst, dass ich gefangen war. Die Veränderung ist plötzlich und unfreiwillig, aber allein hätte ich es nicht geschafft.

Ich erwache dafür, dass es größere Kräfte gibt, die meinen Seelenplan begleiten und dafür sorgen, dass ich weiterkomme, wenn ich es nicht mehr kann.

17

Der segensreiche Mensch

Der Stern

Ich kann und darf mich öffnen für das, was *Alles was ist* in meinem Leben durch mich hindurch manifestieren möchte. Ich sehe den Silberstreif am Horizont, ich schöpfe neue Hoffnung, ich bin wie Sterntaler vom Himmel beschenkt – und nehme das an.

Ich erwache für die Segnungen des Universums, das – wo immer möglich – Fülle fließen lässt: Fülle fließt mir zu und durch mich hindurch.

18

Der seelenvolle Mensch

Der Mond

Was bleibt mir anderes übrig, als dem Sehnen meiner Seele zu folgen? Alles Vertraute hinter mir zu lassen, mich auf den unsicheren Weg ins Ungewisse zu begeben – gezogen vom sanften Schein der Liebe, die mein Herz durchlichtet und mich mich selbst vergessen lässt?

Ich erwache dafür, dass mein Seelenruf auch von Gefühlen begleitet wird, die zwar trügerisch sein können, aber doch starke Energien sind, um uns auf dem Weg voranzubringen.

19
Der irdisch ganze Mensch
Die Sonne

Die Welt ist schön. Das Leben ist wunderbar. Ich darf Lebensfreude genießen. Jedoch lasse ich mich nicht von dem festhalten, was sichtbar und greifbar ist und damit zwar so verlässlich scheint, aber es ja doch nicht ist. Vielmehr lebe ich aus der inneren Sonne des Herzens.

Ich erwache für die Einsicht »Alles ist stimmig und gut in der ganzen Schöpfung und im ganzen Leben« und lebe das.

20
Der neu geborene Mensch
Gericht, Der Ruf, Das Jüngste Gericht

Der Ruf ist deutlich, ich lasse los. Ich weiß nicht, wie mir geschieht. Doch dann wache ich auf, bin erweckt, »auferstanden«, fühle mich vollständig verwandelt. Ich werde nie mehr derselbe Mensch sein wie früher. Ein neues Bewusstsein, eine neue Energie. Ich öffne mich für *Alles was ist*. Ohne Vorbehalte.

Ich erwache zur Begegnung mit *Allem was ist* und entdecke: Ich bin ein Teil des Ganzen, und wir sind eins!

21

Vollendung der Lebensreise

Die Welt

Der Narr und die Welt: 21 + 0 = 210

Ich bin erwacht – für das Mysterium **vom Sein** in der Ganzheit.

In der Welt sein, aber nicht von der Welt sein.

Glück und Leid und doch so viel mehr.

Ganzer Mensch sein, ganzer Spirit.

Am Ende zählt nur die Liebe.

Und auch am Anfang.

Und immer und überall.

10

Eine numerologische Schnellanalyse des Geburtsdatums

Wie man auch mit Numerologie umgehen kann

Wir gehen von einem Raster mit neun Kästchen aus, in dem die Zahlen von 1 bis 9 feste Plätze haben:

3	6	9
2	5	8
1	4	7

Wenn ein Platz durch eine Zahl aus dem Geburtsdatum »belegt« wird, dann heißt das, dass das entsprechende Stichwort im Leben dieses Menschen eine wichtige Rolle spielt. Ist ein Platz von mehr als einer Zahl belegt, so verstärkt sich die Aussage noch. Die unten stehenden Beispiele werden das Prinzip noch klarer werden lassen.

3 Manifestation	6 Erfüllung	9 Verinnerlichung
2 Begegnung, Du	5 Freier Wille	8 Ständiger Wandel
1 Selbstausdruck	4 Formensinn	7 Prüfung, Grenzen

Eine weitere Deutung richtet sich danach, ob eine ganze Achse im Raster »belegt« ist, also entweder eine der drei horizontalen oder der drei vertikalen Achsen, oder eine der beiden Diagonalen.

3	6	9
2	5	8
1	4	7

- Die untere Horizontale (1, 4, 7) ist die Körperebene, das materiell-äußerliche Leben.
- Die mittlere Horizontale (2, 5, 8) ist die Gefühlsebene, die emotionale Empfindungswelt.
- Die obere Horizontale (3, 6, 9) ist die Ideenebene, die mentale Kreativität.
- Die linke Vertikale (1, 2, 3) zeigt konkrete Aktivitäten und positive »Macherqualitäten« an.
- Die mittlere Vertikale (4, 5, 6) deutet auf eine gute Einfühlungsgabe in Menschen und Situationen hin.
- Die rechte Vertikale (7, 8, 9) weist auf eine tiefe Sensibilität und seelische Empfindsamkeit hin.

- Die Diagonale der 1 (1, 5, 9) zeigt spirituelle Neigungen und Gaben an.
- Die Diagonale der 3 (3, 5, 7) deutet auf die Fähigkeit hin, Probleme zu lösen.

Wenn nun eine oder sogar mehrere dieser Linien mit jeweils einer Zahl aus dem Geburtsdatum »belegt« sind, die demnach eine Achse bilden, so heißt das, dass diese Erfahrungsebene im Leben des Trägers des entsprechenden Geburtsdatums eine besondere Rolle spielt.

Beispiele

Nehmen wir als Beispiel den 21. 9. 1965. In unser Raster tragen wir nun das Geburtsdatum auf folgende Weise ein:

Im ersten Durchgang tragen wir jede Ziffer in das entsprechende Kästchen ein; die 1 und die 9 von 1900 lassen wir jedoch in diesem ersten Durchgang »wegfallen«, weil die meisten von uns im 20. Jahrhundert geboren sind.
Also schreiben wir:

	6	9
2	5	
1		

Im zweiten Durchgang bilden wir die einstellige Quersumme des gesamten Geburtsdatums, also einschließlich der 1 und der 9 für 1900. Das ergibt: 2 + 1 + 9 + 1 + 9 + 6 + 5 = 33 = 3 + 3 = 6. Wir fügen die Zahl 6 in das Raster ein und erhalten:

6/6		9
2	5	
1		

Da die Zahl 6 zweimal auftaucht, tragen wir sie auch zweimal ein.

Schnellanalyse 21.9.1965

1: Selbstausdruck ist diesem Menschen wichtig.
2: Die Begegnung mit dem Du spielt ebenfalls eine wesentliche Rolle.
5: Seine Entscheidungsfreiheit – zum Guten wie zum Schlechten – wird er sich immer bewahren wollen.
6: Erfüllung ist als Ziel gleich zweimal angezeigt – dieser Mensch hat also einen starken Drang, Befriedigung durch einen tragenden Lebenssinn zu finden.
9: Verinnerlichung heißt für ihn, das Streben nach Erfüllung durch die Hinwendung an ein höheres Ideal und innere Werte zu verwirklichen.

Zwei weitere Beispiele

Der **2.8.1948** und seine Gesamtquersumme 5 schreibt sich dann so:

2	5	8/8
	4	

2 ist der Tag, 8 der Monat; 48, also 4 und 8, das Jahr; deshalb taucht die 8 im Raster doppelt auf. Die 5 ist die Quersumme aus dem Gesamtdatum, nämlich 2+8+1+9+4+8 =32 = 3+2 = 5

Schnellanalyse 2.8.1948

Neben den Stichworten bzw. Themen für die Einzelzahlen fällt bei diesem Beispiel auf, dass die Zahlen eine Achse ganz bilden, nämlich die mittlere horizontale Achse, und dass die vertikale Achse nur von unten bis zur Mitte geht. Die Begegnung mit dem Du ist wichtig, und dieser Mensch ist gefühlsbetont und hat die Fähigkeit, sich intuitiv gut auf die Gefühle anderer Menschen einzustellen bzw. die »emotionale Energie« von Situationen zu erfassen und damit umzugehen (2). Er achtet sehr auf die Form (4), und zentral ist für ihn der freie

Wille (5). Am stärksten betont ist jedoch die 8, die ja doppelt auftaucht und damit ungewöhnlich viele Veränderungen im Leben anzeigt (8).

Noch ein Beispiel: Der **14.3.1976** schreibt sich so (die Gesamtquersumme ist eine 4, deshalb habe ich die 4 zweimal eingetragen):

3	6	
1	4/4	7

Schnellanalyse 14.3.1976

Zusätzlich zu den Einzelstichworten rückt hier die untere Achse in den Mittelpunkt der Deutung. Der Selbstausdruck (1) und der Sinn oder die Freude an Formen und Strukturen (4) wird ernsthaften Prüfungen oder Begrenzungen (7) unterworfen. Da die 4 zweimal auftaucht, ist zu vermuten, dass eine starke Erdung vorliegt, und dieser Mensch aus Problemen Chancen für neue Entwicklungen macht.

Ein Grusswort zum guten Abschluss

Wahrscheinlich haben Sie bemerkt, dass man Numerologie auch als eine Art Orakel, als Tagesspruch, als Motto für ein Vorhaben und so fort nutzen kann. Sie können also einfach irgendeine Seite im Buch »zufällig« aufschlagen und das, was Ihnen ins Auge fällt, als Hinweis für Ihr Thema nehmen.

Am Schluss dieses Büchleins der Zahlenkunde wünsche ich Ihnen von Herzen alles Liebe und Gute. Erinnern Sie sich bitte daran: So viel Freude und Einsichten die Numerologie schenken kann, so steht über allem menschlichen Bemühen, den Charakter und das Schicksal zu entschlüsseln, das Leben zu verstehen und in die Zukunft zu blicken, doch eine große schöpferische Kraft, die alle Seelen bewegt, behütet und führt, Ihre wie meine. Es ist Gott – oder wie Sie diese Kraft auch nennen mögen.

Und hier noch ein Zitat zur Selbstermächtigung:

Losers live in the past.
Winners learn from the past and enjoy working
in the present toward the future.

Denis E. Waitley

»Verlierer leben in der Vergangenheit.
Gewinner lernen aus der Vergangenheit,
und es macht ihnen Freude, in der Gegenwart
für die Zukunft zu wirken.«

Anhang

Übersicht zur Umwandlung und Berechnung von Buchstaben in Zahlen

1	2	3	4	5	6	7	8	9
A	B	C	D	E	F	G	H	I
J	K	L	M	N	O	P	Q	R
S	T	U	V	W	X	Y	Z	

Es gibt unterschiedliche Ansichten darüber,

- ob J wie I gewertet werden sollte;
- ob es richtig ist, ä, ö und ü in ae, oe und ue umzubauen;
- ob man die 20 nicht zum Beispiel anders als die 2 werten sollte;
- ob man das deutsche bzw. lateinische Alphabet oder das hebräische benutzen sollte;
- und so fort.

Es macht Sinn, auch Namen und Wohnorte zu errechnen und als zusätzliche Deutungshilfe für die Jahreszahl zu nutzen, vor allem wenn es um Partnerschaft, Wohn- und Arbeitsort und Ähnliches geht.

Die Bildung von Quersummen

In der Regel – vor allem für Einsteigerinnen und Einsteiger – werden mehrstellige Zahlen auf eine einstellige heruntergerechnet, indem man eine Quersumme bildet. Drei Beispiele:

- 13 = 1+3 = 4
- 26 = 2 + 6 = 8
- 48 = 4 + 8 = 12 = 1 + 2 = 3

Das Geburtsdatum als Ausgangspunkt der Jahreszahl

Jedes Geburtsdatum besteht aus Zahlen für den Tag, den Monat und das Jahr.

- **Tag:** Persönliche bzw. Tageszahl (zwischen 1 und 31, zweistellige Zahlen können, aber müssen nicht weiter reduziert werden; Analogie zum Aszendenten; Analogie zur Großen Arkana)
- **Monat:** Familien- bzw. Monatszahl (zwischen 1 und 12, zweistellige Zahlen nicht weiter reduzieren; Analogie zur Sonne und den Tierkreiszeichen; Analogie vielleicht auch zu den Hofkarten im Tarot. Das sind 16 Personenkarten wie König und Königin, Prinz und Prinzessin der Scheiben, Schwerter, Stäbe und Kelche.

- **Jahr:** Kollektiv- bzw. Jahrgangszahl (zwischen 19?? und 20??, die 19 bzw. 20 nicht weglassen; Analogie zu den langsamen Planeten; Analogie zur Kleinen Arkana, also den Zahlenkarten As bzw. 1 bis 10 der vier Farben.)

An dieser Stelle möchte ich für die Leser, die tiefer einsteigen wollen und sich nicht davor scheuen, mit einer Vielzahl von Kategorien umzugehen, eine zusätzliche weitere Deutungsmethode kurz beschreiben.

Die folgenden beiden Beispiele sollen Leser einladen zu vergleichen, was die jeweilige Quersumme ihres Geburtstages und ihres Geburtsmonats in einem laufenden Jahr bedeuten könnte im Vergleich zu ihrem Ursprungsgeburtsjahr.

Geburtszahlen für den 11.3.1968
Ursprungsgeburtstag

Tag	Monat	Jahr	Summe	Quersumme
11=11 (2)	03=3 (3)	1968=24 (6)	38 (11)	11 (2)

Die fiktive Person hat aufgrund ihres Geburtstages:
- die sogenannte Persönliche Zahl, die sich aus dem Tag der Geburt ergibt = 11 (2). Die Beziehung zum DU ist ihr großes persönliches Thema – zum Du

im anderen, zum Du als Begegnung zwischen Ich und Selbst, zum Du des Menschen als ein Spiegel des Göttlichen;

- die sogenannte Familienzahl, die sich auf den Monat der Geburt bezieht = 3; diese Zahl weist auf die Einbettung in die Familie hin – mit einer 3 eigentlich »ideal«, es sei denn, dass man sich ständig in Spannung zu den anderen beiden Polen fühlt;
- die sogenannte Kollektivzahl, die sich aus dem Jahr der Geburt ergibt = 24 (6); es wird also darum gehen, wie dieser Mensch in der Gesellschaft und unter den Bedingungen von Umgebung und Umwelt Freude erleben kann;
- die Gesamtzahl = 11 (2); das Thema der persönlichen Zahl taucht erneut auf, d. h., echte Beziehungsfähigkeit und ebenbürtiger Austausch sind Lebensthemen.

Jahreszahl des Geburtstages – der Geburtstag in anderen Jahren

Tag	Monat	Jahr	Summe	Quer-summe
11=11 (2)	03=3 (3)	2014=7 (7)	21 (12)	3

Für diese Person sind im Jahr 2014 ab ihrem Geburtstag am 11. März 2014 vor allem die psychologischen, spirituellen, aber auch energetischen Kräfte wirksam, die durch die Zahl 3 symbolisiert werden.

Bedeutung der Zahlen nach der pythagoreischen Numerologie

Die Pythagoreer gingen davon aus, dass alle Zahlen, von 1 bis unendlich, eine eigene Natur und eigene Bedeutung besitzen und dass deren Essenz oder Wesen in allen Dingen vorzufinden ist. Alles lässt sich demnach durch Zahlen beschreiben.*

1 – Monade: Die Monade ist Ursprung aller Dinge und symbolisiert deshalb auch den uranfänglichen Zustand von Einheit, Unteilbarkeit und wesenhaftem Eins-Sein. Die Monade ist sowohl gerade wie ungerade, weil sie die Natur von beidem enthält.

2 – Dyade: Die Dyade ist die erste Zahl einer unendlichen Reihe gerader Zahlen. Wie alle geraden Zahlen hat sie mit dem Prinzip von Materie und materieller Evolution zu tun. Die Dyade symbolisiert das erste Hervortreten von Leben in einer irdischen Form bzw. in der Gestalt von Materie. So werden alle Dinge zwei Bereichen zugeordnet und damit auch voneinander getrennt und geteilt: gut/böse, Licht/Dunkel, Subjekt/Objekt, innerlich/äußerlich und so fort.

* Die Bezeichnungen Monade, Dyade etc. folgen einem Vorschlag von Michael R. Meyer: *A Handbook for the Humanistic Astrologer,* Seite 82 f.

3 – Triade: Die Triade ist die erste Zahl in einer unendlichen Reihe von ungeraden Zahlen. Die 3 symbolisiert deshalb das Prinzip des Geistes und den Prozess der spirituellen Evolution. Die Triade ist auch das Prinzip der Versöhnung von Gegensätzen oder Polaritäten (Dyade) durch ein gemeinsames Element (Monade). Dieses Prinzip und dieser Entwicklungsvorgang findet in den Trinitäten fast aller Religionen einen markanten Ausdruck – also durch die »Dreiheit«, wie sie zum Beispiel in Gottvater-Gottsohn-Heiliger Geist oder in Brahma-Vishnu-Shiva zu sehen ist.

4 – Tetrade: Das Tetrahedon (eine dreiseitige Pyramide) ist das erste geometrische feste und regelmäßige Polygon (Vieleck). In ihm »steckt« die Zahl 4. Die Tetrade symbolisiert somit gefestigte Kraft oder Macht und das Erscheinen eines klaren Systems von Ordnung in der Manifestation. Die Tetrade wurde von den Pythagoreern als die »Wurzel aller manifestierten Dinge« betrachtet.

5 – Pentade: Hier haben wir es mit dem individuellen Faktor in der Schöpfung zu tun. Die 5 repräsentiert auch den Menschen an sich und seine Vollkommenheit.

6 – Hexade: Sechs war für die Pythagoreer eine ganz einzigartige Zahl. Sie ist eine der wenigen »vollkommenen Zahlen« – und zugleich ist sie die einzige »perfekte« Zahl, deren Bestandteile (»Divisoren« bzw. Teiler) – 1, 2 und 3 – die Ausgangszahl ergeben, wenn man sie miteinander multipliziert.* Zudem ergibt die Addition ihrer Bestandteile 1 + 2 + 3 ebenfalls wieder die 6. Dieses Phänomen der Addition der Teiler einer »vollkommenen« Zahl, deren Summe dann wieder sie ergibt, findet sich zum Beispiel auch bei der 28. Die Teiler der 28 sind 1, 2, 4, 7 und 14. Deren Addition ergibt: 1 + 2 + 4 + 7 + 14 = 28. Aber: Die Multiplikation der Teiler ergibt keineswegs 28, sondern eine viel höhere Zahl. Zwei weitere in diesem Sinne perfekte Zahlen sind 496 und 8 128; beide waren den Griechen ebenfalls bereits bekannt.

Die Hexade ist sowohl eine Dreiecks-Zahl als auch eine Rechtecks-Zahl. Diese merkwürdigen Begriffe beziehen sich darauf, wie die Zahl geometrisch-grafisch dargestellt werden kann, nämlich sowohl als Dreieck wie als Rechteck

Andere Dreiecks-Zahlen sind 3, 10 und 15; andere Rechtecks-Zahlen sind 2, 12 und 20. Weitere Phä-

* Mehr hier: www.de.wikipedia.org/wiki/Vollkommene_Zahl.

nomene der Entsprechung zwischen Zahlen und geometrischen Formen findet man zum Beispiel bei der Quadratzahl 9, die aus 3x3 gebildet wird und so geschrieben werden kann.

• • •

• • •

• • •

Um zur 6 zurückzukommen: Sie symbolisierte für die Pythagoreer, soweit wir wissen, das Produkt oder Ergebnis von Verstehen und Verständnis und weiser Verbundenheit bzw. bewusster Beziehung.

7 – HEPTADE: Die 7 repräsentiert den zyklischen Prozess in der gesamten Schöpfung, das »Stirb und Werde« im Kosmos. Die 7 gilt vielen als »besonders heilige Zahl« – der Autor kann dem nicht ganz folgen, weil er meint, dass letztlich alle Zahlen »heilig« sind, nämlich heil, bedeutungsvoll, aufschlussreich ... Meyer schreibt in seinem »Handbook for the Humanistic Astrologer«, dass praktisch alle Autoritäten die Zahl 7 als heiligste Zahl betrachtet haben, aber sie sei *the most difficult to discuss*, also »die am schwierigsten zu diskutierende«.

Vielleicht mache ich es mir zu einfach, oder ich begreife etwas noch nicht richtig, aber mir erschließt sich recht einfach, warum die 7 speziell ist, wenn auch nicht »die heiligste«: Wenn man den vollkommenen Kreis von 360° durch die 7 teilt, erhält man zum ersten Mal einen »Bruch«, eine Bruchzahl, keine ganze Zahl mehr (mehr dazu im Kapitel »Zahlen und Astrologie«). In der 7 stecken zudem die 3 (drei Prinzipien, die in allen Beziehungen aktiv sind) und die 4 (konkrete Manifestation und organische Ordnung).

8 – Oktade: Nach Meyer symbolisierte die 8 bei den Pythagoreern »extremen Individualismus und intensive Aktivität«. Geometrisch betrachtet (in Bezug auf den Kreis mit 360°) weist sie auf den Winkel von 45° hin, das sogenannte Halbquadrat, das »maximale dynamische Aktivität« repräsentiert.*

9 – Enneade: Die 9 steht für unbegrenzte Kraft oder Macht und Verwirklichung bzw. Umsetzung. Warum, wird leider nicht näher erklärt. (Ich erwähne diese Beschreibung hier nur der Vollständigkeit halber; ich sehe die 9 etwas anders, wie weiter vorn zu sehen war.)

10 – Dekade: Die Gesamtheit der Zahlen 1, 2, 3 und 4 ergibt die »Zehnheit« , »Zehnzahl« oder »Zehnergruppe« (1 + 2 + 3 + 4 = 10). Dafür verwendeten die Pythagoreer den Begriff Tetraktys. Da die ersten vier Zahlen 1, 2, 3 und 4 in der Addition zur

* Michael R. Meyer: *A Handbook for the Humanistic Astrologer,* Seite 83.

10 führen, meinte man, dass die »Vierheit« (*tetra*) die Zehn »erzeugt«.

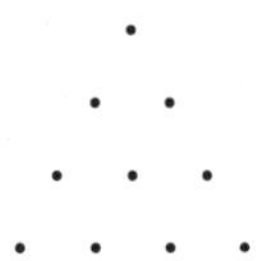

Für das Dezimalsystem sowohl der Griechen als auch anderer Kulturen spielt die 10 eine entscheidende Rolle. In ihr ist »das ganze Wesen der Zahlen« enthalten, hieß es. So galt auch die 10 als »heilige Zahl«. Die Pythagoreer gingen davon aus, dass der Aufbau des Kosmos mathematischen Regeln folgte und eine universelle Harmonie zum Ausdruck bringt. Die 10 stand für Vollendung und Unendlichkeit bzw. Grenzenlosigkeit. Sie war der große Archetyp des gesamten Universums. In ihr waren alle Mysterien der Schöpfung enthalten.

Die Worte des Glaubens
von Friedrich Schiller

Drei Worte nenn' ich euch, inhaltsschwer,
Sie gehen von Munde zu Munde,
Doch stammen sie nicht von außen her,
Das Herz nur giebt davon Kunde,
Dem Menschen ist aller Werth geraubt,
Wenn er nicht an die drei Worte glaubt.

Der Mensch ist frei geschaffen, ist frei,
Und würd' er in Ketten geboren;
Laßt euch nicht irren des Pöbels Geschrei,
Nicht den Missbrauch rasender Thoren.
Vor dem Sclaven, wenn er die Kette bricht,
Vor dem freien Menschen erzittert nicht.

Und die Tugend, sie ist kein leerer Schall,
Der Mensch kann sie üben im Leben;
Und sollt' er auch straucheln überall,
Er kann nach der göttlichen streben,
Und was kein Verstand der Beständigen sieht,
Das übet in Einfalt ein kindlich Gemüth.

Und ein Gott ist, ein heiliger Wille lebt,
Wie auch der menschliche wanke;
Hoch über der Zeit und dem Raume webt
Lebendig der höchste Gedanke;
Und ob Alles im ewigen Wechsel kreist,
Es beharret im Wechsel ein ruhiger Geist.

Die drei Worte behaltet euch, inhaltsschwer,
Sie pflanzet von Munde zu Munde;
Und stammen sie gleich nicht von außen her,
Euer Inneres giebt davon Kunde.
Dem Menschen ist nimmer sein Werth geraubt,
So lang' er noch an die drei Worte glaubt.*

* Die Rechtschreibung ist so, wie es als Schillers eigene Schreibweise von damals überliefert wurde; Hervorhebungen sind vom Autor hinzugefügt.

Literatur zum Thema Numerologie

Deutsche Bücher zum Thema

Franz Carl Endres / Annemarie Schimmel: Das Mysterium der Zahl. Zahlensymbolik im Kulturvergleich, Diederichs Verlag, München 1993

Bernd A. Mertz: Die Weisheit der Zahlen als Lebenshilfe, Fischer Verlag, CH-Münsingen 1992

Hans J. Andersen: Am Anfang war die Zahl, Imago Mundi. Studienreihe des Kult-Ur-Instituts e.V., Pulsar Verlag, Warmsroth 1993

Norbert Jürgen Schneider: Die Kunst des Teilens. Zeit, Rhythmus und Zahl, Piper Verlag, München 1991

Johannes Vehlow, Astrologie Bd. VIII, F. W. Peters Verlag, Berlin 1955; leider vergriffen

Jürgen Werlitz: Das Geheimnis der heiligen Zahlen, Pattloch Verlag, München 2000

Englische Bücher zum Thema

Dusty Bunker: *Numerology and Your Future, Para Research,* Rockport, MA 1980

D. Jason Cooper: *Numerology. The Power to Know Anybody,* The Aquarian Press, Wellingborough, UK 1986

Georg Feuerstein: *Spirituality by the Numbers,* Tarcher/Putnam, New York 1994

Matthew Oliver Goodwin: *Numerology. The Complete Guide I & II,* Newcastle, North Hollywood, CA 1981

Manly P. Hall: *The Secret Teachings of All Ages,* Tarcher/Penguin, New York 2003

Corinne Heline: *Sacred Science of Numbers,* de Vorss, Marina del Rey, CA 1985

Faith Javane/Dusty Bunker: *Numerology and the Divine Triangle,* Para Research, Rockport, MA 1979

Michael R. Meyer: *A Handbook for the Humanistic Astrologer,* Anchor Books, New York 1974

Lloyd Strayhorn: *Numbers and You*, Ballantine, New York 1987

Hinweis auf eine englischsprachige Webseite, die sehr interessante kulturelle Hintergründe zur Bedeutung von Zahlen anbietet: www.crystalinks.com/numerology2.html

Eine Auswahl weiterer Bücher des Autors

ENGELBÜCHER MIT JUTTA FUEZI IM HEYNE VERLAG MÜNCHEN:

»Die Botschaft der Engelzahlen: Himmlische Numerologie«

»Die Engelbotschaft deines Namens: 600 Vornamen in ihrer spirituellen Bedeutung. Das praktische Handbuch«

»Engel machen Wünsche wahr: Himmlische Energien für Glück und Erfüllung«
»Engel-Reiki: Himmlische Heilenergie für Körper, Geist und Seele«
»Engeljahrbuch – Inspiration für jeden Tag« (erscheint im Herbst 2013)
»Engelrituale: Himmlische Impulse für alle Lebenslagen (erscheint 2014)

Huna-Bücher mit Petra Lazarus bei Random House

»Huna Seelenkraft: Heilung und Weisheit aus Hawaii«
»Die Huna-Glücksformel« (erscheint im Frühling 2014)

Bücher als Alleinautor

»Schritte ins Erwachen«, erscheint Herbst 2014 im Ansata Verlag, München
»Kleine Erleuchtungen«, Knaur Verlag München
»Die Horoskopuhr und andere Prognosemethoden« von W. v. Rohr, Chiron Verlag, Tübingen

E-Bücher bei Media Services International
(Eigenverlag des Autors)

Es handelt sich um neu bearbeitete Wiederauflagen vergriffener Bücher. Sie sind sowohl unter Autorennamen und Titel im Amazon-Kindle-Shop zu finden als auch auf der Webseite des Autors (www.wulfingvonrohr.info)

Der Mond und die Liebe – Ein hilfreicher und amüsanter Begleiter in Beziehungen
Die Herzen heilen: 40 Impulse zum Leben aus offenem Herzen
Ein Buch der Meister: Lehrer, Meister, Gurus – Chancen, Grenzen, Eigenermächtigung
Erfolg und Erfüllung: Wie Spiritualität im Beruf wirken kann
Fasten: Ein Neubeginn für Körper, Geist und Seele
Geheimbünde – Ein knapper Überblick, der neue Einsichten bringt
Geheime Herrscher der Welt – vor und nach 2012 – und wie wir frei bleiben
Geheimnisvolle Palmblätter: Ist unser Leben Schicksal oder Zufall, Karma oder Chaos?
Horoskopdeutung leicht gemacht – Der Klassiker für moderne Astrologie
Karma und Reinkarnation – Was tatsächlich dahinter steckt und wo die Grenzen sind
Kuan Yin – Die Seele der Welt. Mit den 100 Orakelsprüchen der buddhistischen »Göttin« der Barmherzigkeit
Leben war doch nicht als Stress gedacht
Licht in der Stille – Ein Stundenbuch über Tod und Leben
Meditation – Kraft aus der Stille. Das umfassende praktische Handbuch mit Meditationen aus vielen Kulturen und für unterschiedliche Bedürfnisse

Meinen Kraftort finden – Was sind Kraftorte? Mit 100 Kraftplätzen in D, A und CH

Probleme wirklich lösen – einfach, wirksam, elegant

So bleiben Sie gesund: 7 Säulen der Gesundheit

Tarotdeutung leicht gemacht – Die neue Tarot-Schule

Transite im Horoskop – klar und aussagekräftig

Was ist Ihr SQ? Der »Seelenquotient« und wie Sie feststellen, wie spirituell ein Mensch wirklich ist

Was lehrte Jesus wirklich? Eine mystische Botschaft der Bibel

Wie Gott die Welten schuf. Die kommentierte deutsche Übersetzung des indischen Schöpfungsmythos nach Kabir

Der Autor

Wulfing von Rohr ist Kultur- und Bewusstseinsforscher sowie spiritueller Berater und Seminarleiter mit über 35-jähriger Erfahrung. Er moderiert und organisiert Konferenzen zum interreligiösen und interkulturellen Austausch, spirituelle Treffen und Tagungen zu ganzheitlicher Gesundheit. Als Autor hat er eine Vielzahl von eigenen Büchern geschrieben; als Ko-Autor an drei Dutzend Büchern über Naturheilkunde mitgearbeitet; als Übersetzer wichtige Werke in den deutschsprachigen Raum gebracht (u. a. Edward Bach, Chris Griscom, Chuck Spezzano).

Er war zwei Jahrzehnte lang Fernsehproduzent für ARD und ZDF im Bereich Politik, Gesellschaft, Wirtschaft und Kultur. Er war viele Jahre hindurch Mitglied in der Internationalen Gesellschaft für Tiefenpsychologie und im Berufsverband Deutscher Yogalehrer. Ehrenamtlich hat er als Vorsitzender des Vereins Life Forum e. V. gewirkt, als Gründungs- und Ehrenmitglied der Großgmainer Marienbruderschaft und als Vorstandsmitglied der Schweizer Parapsychologischen Gesellschaft Zürich, dem ältesten Schweizer Verband für Para-Phänomene, tätig.

Wulfing von Rohr ist einer Reihe von weltpolitischen Führern und Führerinnen persönlich begegnet, u. a. Indira Gandhi, Anwar el Sadat, Henry Kissinger, Giscard d'Estaing, aber auch S. H. Johannes Paul II. und dem Dalai Lama. Ebenso hat er bedeutende spirituelle LehrerInnen und HeilerInnen getroffen und hat bei ihnen teilweise auch längere Zeit gelernt, so u. a. Enomiy Lassalle, Padre Maximiliam Mizzi, Pater Willigis Jäger, Sant Darshan Singh, Sant Rajinder Singh, Pir Vilayat Khan, dem Schamanen Martín Prechtel u. v. a.

Wulfing von Rohr gilt als einer der profundesten Kenner von geistigen Zusammenhängen im deutschen Sprachraum, der fähig und bereit ist, spirituelle Wege und Methoden zu vergleichen und einzuordnen. Numerologie, Tarot und Astrologie gehören für ihn zu den »klassischen« esoterischen und zugleich spirituellen Disziplinen, die er mit einem offenen Geist weiterhin erforscht.

Kontakt zum Autor und Kursangebote

Mail: wulfing@gmx.at
Webseite: www.wulfingvonrohr.info

Wulfing von Rohr bietet gelegentlich Numerologiekurse an. Termine finden sich gegebenenfalls auf der Webseite. Sie können den Autor jedoch auch zu sich in Ihren Kreis oder Ihr Zentrum einladen; Teilnehmerzahl mindestens 10, maximal 24 Personen.

Magische Reisen

Wulfing von Rohr bietet seit einigen Jahren magische Reisen an, sowohl allein als auch für andere KursleiterInnen (Geoffrey und Linda Hoppe, Gordon Smith, Jeanne Ruland, u. a.) – vor allem nach Malta, Frankreich, Ägypten und Hawaii. Dabei kümmert er sich um die Auswahl besonderer Kraftorte und sinnvolle Balance zwischen Spiritualität und Erlebnisfreude, um schöne Unterbringungen, eine möglichst reibungslose Organisation, und er bietet auch aus seiner über 35-jährigen spirituellen Erfahrung Kursteile in der Gruppe und Einzelgespräche an.

Reiseplanungen derzeit

- **Ende September 2013** mit Jeanne Ruland nach Carnac, in Merlins Wald und zur Madonna in Chartres (noch knapp zehn Plätze frei)
- **Anfang Mai 2014** nach Malta (Thema Spiritualität und Medialität)
- **Juni 2014** mit Petra Lazarus ans Mittelmeer (Thema Huna)
- **November 2014** evtl. nach Ägypten (mit Crimson Circle?)
- **Februar 2015** nach Hawaii mit Petra Lazarus (natürlich Thema Huna)

Alle weiteren Informationen zeitnah auf www.wulfingvonrohr.info

Hier einige Rückmeldungen von TeilnehmerInnen:

Für deine »bedingungslose« Fürsorge, die du allen Reiseteilnehmern entgegengebracht hast, möchten wir uns aber noch besonders bedanken.

* * *

Vorab nochmals ein großes DANKE für die Idee und die Organisation dieser in vielerlei Hinsicht besonderen Reise, aber auch für die so gute und flexible Unterstützung an den Tagen vor Ort. Dein Einsatz war weit mehr, als jeder Reisende erwarten kann! Und ich werde mich nicht nur gerne an die

Tage in Ägypten erinnern sondern auch das Engagement, mit dem Du Dich für diese Woche eingesetzt hast. Ich freue mich, von Dir über neue Reisepläne zu hören … Wer weiß!? ... Vielleicht packt mich dann wieder das Reisefieber ... Alles Liebe und herzliche Grüße aus A...

* * *

Ich wollte mich schon lange bei Dir für Deinen großen Einsatz in meinen Problembereichen (Gepäck, Medikamente und Prellungen) in Ägypten bedanken. Ich habe mich durch Dich darin sehr gut aufgehoben, unterstützt und betreut gefühlt. Nochmals ein großes Dankeschön.

… ich wollte mich ganz herzlich bei Dir bedanken für all Deine tolle Organisation und deine Bemühungen. Ich weiß es zu schätzen, wenn eine Reise so reibungslos verläuft und super durchdacht und geplant ist.

* * *

And thank you so much for your enormous effort to make our tour unforgettable. With love and in respect.

* * *

Ich sende dir wie versprochen die Fotos, viel Freude damit! Danke nochmals für die schöne Zeit, du warst der beste Reisebegleiter ever!